日知録卷之十九

明經

今人但以貢生爲明經非也唐制有六科一曰秀才二曰明經三曰進士四曰明法五曰書六曰筭大唐新語隋煬帝制明經進士二科國家因隋制增置秀才明法明字明筭并前爲六科當時以詩賦取者謂之進士金史移刺履傳進士之科隋大業中始試以策唐初因之高宗時襍以箴銘賦詩至文宗始專用賦唐以經義取者謂之明經葉石林避暑錄話唐制取士用進士明經二科本朝初雖用進士其罷明經不知是何時仁宗慶曆進士詩賦浮淺不本經術嘉祐三年始復明經科今罷詩賦而用經義則今之進士乃唐之明經也

唐時入仕之數明經最多考試之法令與全寫註疏謂之帖括議者病其不能通經權文公謂註疏猶可以質驗不

者儻有司率情上下其手既失其末又不得其本則蕩然矣今之學者并註疏而不觀殆於本末俱喪然則今之進士又不如唐之明經也乎

秀才

舊唐書杜正倫傳正倫隋仁壽中與兄正玄正藏俱以秀才擢第唐代舉秀才止十餘人正倫一家有三秀才甚爲當時稱美唐登科記武德至永徽每年進士或至二十餘人而秀才止一人二人（舊唐書職官志則云秀才有唐已來無其人）杜氏通典云初秀才科第最高試方畧策五條有上上上中上下中上凡四等貞觀中有舉而不第者坐其州長由是廢絶（新唐書高宗永徽二年始停秀才科）士人所趨嚮惟明經進士二科而已顯慶

初黄門侍郎劉祥道奏言國家富有四海于今已四十年
百姓官寮未有秀才之舉未有今人之不如昔將薦賢之
道未至豈使方稱多士遂缺斯人請六品以下爰及山谷
特降綸言更審搜訪唐人之於秀才其重如此秀才字出史記賈生
傳年十八以能誦詩屬書聞於郡中吳廷尉爲河南守聞
其秀才而儒林傳公孫弘等之議則曰有秀才異等輒以
名聞此秀才之名所起玄宗御撰六典言凡貢舉人有博識高才強
學待問無失俊選者爲秀才通二經已上者爲明經明閑
時務精熟一經者爲進士張昌齡傳本州欲以秀才舉之
昌齡以時廢此科已久固辭乃充進士貢舉及第是則秀
才之名乃舉進士者之所不敢當也冊府元龜開元二十四年已後復有秀才
舉其時以進士漸難而秀才本科無帖經及雜文之限反
易於進士主司以其科廢久不欲收奬應者多落之三十

年來無登第者至天寶初禮部侍郎韋陟始奏請有堪此舉者乃令官長特考其常年舉送者並停冊府元龜又言代宗朝楊綰為礼部侍郎請制五經秀才科事寢不行而舊唐書儒學傳馮伉大曆初登五經秀才科則是嘗行之而旋廢耳又文苑英華判目有云鄉舉進上至省求試秀才者初不聽求訴不已趙岳判曰文藝小善進士之能訪對不休秀才之目文選任昉為蕭揚州作薦士表訪對不休質疑斯在是又進士求試秀才而不可得也今以生員而冒呼此名何也容齋三筆謂秀才之名自宋魏以後實為貢舉科目之最而今世俗以為相輕之稱

國初嘗舉秀才洪武十五年徵至秀才數十人如太祖實録洪武四年四月辛丑以秀才丁士梅為蘇州府知府童權為揚州府知府俱賜冠帶十年二月丙辰以秀才徐尊生為翰林應奉十五年八月丁酉以秀才曾泰為户部尚書是也亦嘗

舉孝廉洪武十八年十二月丙午洪武二十年二月己丑以孝廉李德爲應天府尹是也此辟舉之名非所施於科目之士今俗謂生員爲秀才舉人爲孝廉非也

舉人

舉人者舉到之人北齊書鮮于世榮傳以本官判尚書省右僕射事與吏部尚書袁聿修在尚書省簡試舉人舊唐書高宗紀顯慶四年二月乙亥上親策試舉人凡九百人調露元年十二月甲寅臨軒試應岳牧舉人是也登科則除官不復謂之舉人而不第則須再舉太祖實錄許援饒之樂平人至正中兩以易經舉于鄉皆第一會試不第頴州府志曰鄉舉在宋爲漕試謂之發解第一階之解送南宮會試日試不第者須再試未階以入仕也及累舉不第然後有推恩爲謂之特奏名不復繫諸鄉舉矣元時亦然至國朝始定爲入

仕之途則一代之新制也按宋時亦有不須再試而送南宮者謂之免解進士澠水燕談仁宗籍田時許開封國學舉人官位因得免解不若今人以舉人為一定之名也進士乃諸科目中之一科而傳中有言舉進士者有言舉進士不第者孟浩然應進士不第杜甫天寶初應進士不第唐衢應進士久而不第溫庭筠大中初應進士累年不第吴鎔舉進士不第皇甫鎮舉進士不第三上不中第　五代史亦然敬翔乾符中舉進士不中鄭遨唐昭宗時舉進士不中李振常舉進士咸通乾符中連不中鄭珏舉進士數不中司空圖唐僖宗時舉進士不中馮玉少舉進士不中李鏻少舉進士累不中賈緯少舉進士不中但云舉進士則第不第未可知之辭不若今人已登科而後謂之進士也宋徽宗宣和六年禮部試進士至萬五千人是年賜第八百五人自本人言之謂之舉進士自朝廷言之謂之舉人唐文宗開成三年五月丁巳朔勑礼部貢院進士舉人歲限放三十人及第進士舉人者謂舉進士之人也進士即是舉人不若今人以鄉試榜謂之舉人會試榜

舉人者舉科目之人也進士　舉薦
舉人者舉者進士科之人也

謂之進士也

永樂六年六月翰林院庶吉士沈升上言近年各布政司按察司不體朝廷求賢之盛心苟圖虛譽有稍能行文大義未通者皆領鄉薦冒名貢士及至會試下第其中文字稍優者得除教官其下者亦得升之國監以致天下士子競懷僥倖不務實學洪熙元年十一月四川雙流縣知縣孔友諒上言乞將前此下第舉人通計其數設法清理是國初縱開舉人之途而其弊即已如此至於倚勢病民則又不肖者之爲而不待論矣然下第舉人猶令入監讀書三年許以省親未有使之游蕩於人間者正統十四年存省京儲始放回原籍其放肆無恥者游說干謁靡所不爲已

見於成化十四年禮部之奏　至於末年則挾制官府武斷鄉曲於是崇禎中命巡按御史考察所屬舉人間有黜革而風俗之壞已不可復返矣

進士

進士即舉人中之一科其試於禮部者人人皆可謂之進士唐人未第稱進士已及第則稱前進士雍錄云唐人詩云曾題名處添前字通鑑建州進士葉京嘗預宣武軍宴識監軍之面既而及第在長安與同年出遊遇之塗馬上相揖因之謗議諠然遂沈廢終身是未及第而稱進士也試畢放榜其合格者曰賜進士及第後又廣之曰賜進士出身賜同進士出身然後謂之登科所以異於同試之人者在乎賜及第賜出身而不在乎進士也宋政和三年五月乙酉臣僚言陛下罷進士立三舍之法今賜承議郎

徐禋進士出身於名實未正乞改賜同上舍出身從之

科目

唐制取士之科有秀才有明經有進士有俊士有明法有明字有明筭有一史有三史有開元禮有道舉有童子而明經之別有五經有三經有二經有學究一經有三禮有三傳有史科此歲舉之常選也其天子自詔曰制舉唐書選舉志如姚崇下筆成章張九齡道侔伊呂之類見於史者凡五十餘科困學紀聞唐制舉之名多有八十有六故謂之科目宋王安石始罷諸科今代止進士一科則有科而無目矣猶沿其名謂之科目非也

王維禎欲於科舉之外倣漢唐舊制更設數科以收天下

之奇士不知進士偏重之弊積二三百年非大破成格雖有他材亦無繇進用矣

制科

唐制天子自詔曰制舉所以待非常之才唐志曰所謂制舉者其來遠矣自漢以來天子常稱制詔道其所欲問而親策之唐興世崇儒學雖其時君賢愚好惡不同而樂善求賢之意未始少怠故自京師外至州縣有司常選之士以時而舉而天子又自詔四方德行才能文學之士或高蹈幽隱與其不能自達者下至軍謀將畧翹關拔山絕藝奇伎莫不兼取其爲名目隨其人主臨時所欲而列爲定科者如賢良方正直言極諫博通墳典達於教化軍謀宏

遠堪任將率詳明政術可以理人之類其名最著而天子巡狩行幸封禪泰山梁父往往會見行在其所以待之之禮甚優而宏材偉論非常之人亦時出於其間不爲無得也

宋初承周顯德之制設三科不限前資見任職官黄衣草澤並許應詔景德增爲六科熙寧以後屢罷屢復宋人謂之大科葉祖洽傳太宗歲設大科邵氏聞見録富韓公初游場屋穆伯長謂之曰進士不足以盡子之才當以大名世科今以殿試進士亦謬謂之制科

宋徐度卻埽編曰國朝制科初因唐制有賢良方正能直言極諫經學優深可爲師法詳明吏治達於教化凡三科應內外職官前資見任黄衣草澤人並許諸州及本司解

送上吏部對御試策一道限三千字以上咸平中又詔文臣於内外幕職州縣官及草澤中舉賢良方正各一人景德中又詔置賢良方正能直言極諫博通墳典達於教化才識兼茂明於體用武足安邊洞明韜畧運籌決勝軍謀宏遠材任邊寄詳明吏理達於從政等六科天聖七年復詔應内外京朝官不帶臺省館閣職事不曾犯贓罪及私罪情理輕者竝許少卿監以上奏舉或自進狀乞應前六科仍先進所業策論十卷卷五道候到下兩省看詳如詞理優長堪應制科具名聞奏差官考試論六首合格卽御試策一道又置高蹈丘園沈淪草澤茂才異等三科應草澤及貢舉人非工商雜類者竝許本處轉運司逐州長吏

奏舉或於本貫投狀乞應州縣體量有行止別無玷犯者即納所業策論十卷卷五道看詳詞理稍優即上轉運司審察鄉里名譽於部內選有文學官再看詳實有文行可稱者即以文卷送禮部委主判官看詳選詞理優長者具名聞奏餘如賢良方正等六科熙寧中悉罷之而令進士廷試罷三題而試策一道建炎間詔復賢良方正一科然未有應詔者

高宗立博學宏辭科凡十二題制誥詔表露布檄箴銘記贊頌序內雜出六題分爲三場每場體制一古一今南渡以後得人爲盛多至卿相翰苑者今之第二場詔誥表三題內科一道亦是略倣此意而苟簡濫劣至於全無典故

不知平仄者亦皆中式上無能文之主故也

甲科

杜氏通典按令文科第秀才與明經同爲四等進士與明法同爲二等然秀才之科久廢而明經雖有甲乙丙丁四科進士有甲乙二科自武德以來明經惟有丙丁第進士惟乙科而已舊唐書玄宗紀開元九年四月甲戌上親策試應制舉人於含元殿勑曰近無甲科朕將存其上第楊綰傳天寶十三載玄宗御勤政樓試舉人登甲科者三人綰爲之首超授右拾遺其登乙科者三十餘人冊府元龜杜甫哀蘇源明詩曰制科題未乾乙科已大闡然則今之進士而槩稱甲科非也

隋書李德林傳楊遵彥銓衡深慎選舉秀才擢第罕有甲科德林射策五條考皆爲上是則北齊之世即已多無甲科者矣

甲乙丙科始見漢書儒林傳平帝時歲課博士弟子甲科四十人爲郎中乙科二十人爲太子舍人丙科四十人補文學掌故蕭望之傳以射策甲科爲郎匡衡傳數射策不中至九乃中丙科褚先生補史記

十八房

今制會試用考試官二員總裁同考試官十八員分閱五經謂之十八房宋史各房分經於理宗紹定二年始嘉靖末年詩五房易書各四房春秋禮記各二房共十七房萬曆庚辰癸未二科

以易卷多添一房減書一房仍止十七房至丙戌書易卷竝多仍復書爲匹房始爲十八房至丙辰又添易詩各一房爲二十房天啓乙丑易詩仍各五房書三房春秋禮記各一房爲十五房崇禎戊辰復爲二十房辛未易詩仍各五房爲十八房癸未復爲二十房今人槩稱爲十八房云

戒菴漫筆曰（江陰李詡著）余少時學舉子業竝無刻本窓稿有書賈在利考朋友家往來抄得鐙窓下課數十篇每篇謄寫二三十紙到余家塾揀其幾篇每篇酬錢或二文或三文憶荆川唐順之中會元其稿亦是無錫門人蔡瀛與一姻家同刻方山薛應旂中會魁其三試卷余爲從臾且常熟門人錢夢玉以東湖書院活板印行未聞有坊間板今滿目

皆坊刻矣亦世風華實之一驗也愚按弘治六年會試同考官靳文僖批已有板刻時文行學者往〃記誦鮮以講爲事之語則彼時已有刻文但不多耳先楊子常曰癸十八房之刻自萬曆壬辰鉤玄録始旁有批點自王房仲士驌選程墨始至乙卯以後而坊刻有四種曰程墨則三場主司及士子之文曰房稿則十八房進士之作曰行卷則舉人之作曰社稿則諸生會課之作至一科房稿之刻有數百部皆出於蘇杭而中原北方之賈人市買以去天下之人惟知此物可以取科名享富貴此之謂學問此之謂士人而他書一切不觀昔丘文莊當天順成化之盛去宋元未遠已謂士子有登名前列不知史冊名目朝代先後字書偏旁者舉天下而惟十八房之讀讀之三年五年而一幸

登第則無知之童子儼然與公卿相揖讓而文武之道棄如弁髦（宋史記宋朝姦弊愈滋有司命題苟簡或執偏見臆說或發策用事訛舛所取之士既不精後復俾之主文是非顛倒逾甚時謂之謬種流傳）嗟乎八股盛而六經微十八房興而廿一史廢昔閔子騫以原伯魯之不說學而卜周之衰余少時見有一二好學者欲通旁經而涉古書則父師交相譙呵以爲必不得顯業於帖括而將爲坎軻不利之人豈非所謂大人患失而惑者與（陸氏曰大人懼違衆而失位心志惑亂故狥流俗之說而亦日可以無學）若乃國之盛衰時之治亂則亦可知也已

經義論策

今之經義論策其名雖正而最便於空疏不學之人唐宋用詩賦雖曰雕蟲小技而非通知古今之人不能作今之

經義始於宋熙寧中王安石所立之法命呂惠卿王雱等爲之宋史神宗熙寧四年二月丁巳朔罷詩賦及明經諸科以經義論策試進士命中書撰大義式頒行元祐八年三月庚子中書省言進士御試答策多係在外準備之文工拙不甚相遠難於考較祖宗舊制御試進士賦詩論三題施行已遠前後得人不少況今朝廷見行文字多係聲律對偶非學問該洽不能成章請行祖宗三題舊法詔來年御試將詩賦舉人復試三題經義舉人且令試策此後全試三題是當時卽以經義爲在外準備之文矣宋史徐禧傳神宗見其所上策曰禧言朝廷用經術變士十已八九然竊襲人之語不求心通者相半此言是也

陳後山談叢言荊公經義行舉子專誦王氏章句而不解義荊公悔之曰本欲變學究爲秀才不謂變秀才爲學

究也豈知數百年之後并學究而非其本質乎此法不變則人才日至於消耗中國日至於衰弱而五帝三王以來之天下將不知其所終矣

趙鼎言安石設虛無之學敗壞人才陳公輔亦謂安石使學者不治春秋不讀史漢而習其所爲三經新義皆穿鑿破碎無用之空言也若今之所謂時文既非經傳復非子史展轉相承皆杜撰無根之語前輩時文無字不有出處今但令士子作文自注出處無根之語不得入文自當攏指而退矣金史明昌元年令舉人程文所用故事可自注出處以是科名所得十人之中其八九皆爲白徒而一舉於鄉即以營求關說爲治生之計於是在州里則無人非勢豪適四方則無地非游客而欲求天下之安寧斯民之淳厚豈非卻行

求及前人者哉

本朝洪武三年開科以大學古之欲明明德於天下者二節孟子道在邇而求諸遠一節合爲一題問二書所言平天下大指同異此卽宋時之法

太祖實録洪武三年八月京師及各行省開鄉試初場四書疑問本經義及四書義各一通（元制有四書疑本經疑）第二場論一道第三場策一道中式者後十日復以五事試之曰騎射書算律騎觀其馳驅便捷射觀其中之多寡書通於六義算通於九法律觀其決斷詔文有曰朕特設科舉以起懷才抱德之士務在經明行修博通古今文質得中名實相稱其中選者朕將親策于廷觀其學識第其高下而任

之以官伏讀此制真所謂求實用之士者矣至十七年命禮部頒行科舉成式第一場四書義三道經義四道未能者許各減一道第二場論一道詔誥表内科一道判語五條第三場經史策五道文辭增而實事廢蓋與初詔求賢之法稍有不同而行之二百餘年非所以善述祖宗之意也〔二十五年二月甲子儒學生員兼習射與書算俟其科貢無考之後廢不行　宣德四年九月乙卯北京國子監助教王仙言近年生員止記誦文字以備科貢其於字學算法略不曉習比入國監歷事諸司字畫麤拙算數不通何以居官蒞政乞令天下儒學生員兼習書算上從之〕

四書疑猶唐人之判語設為疑事問之以觀其學識也四書義猶今人之判語不過得之記誦而已苟學識之可取則劉蕡之對止於一篇已足蓋一代之人才徒以記誦之

多書寫之速而取其長則七篇不足爲難而有併作五經二十三篇如崇禎七年之顏茂猷者奉旨特賜中式及殿試第二甲第二名賜進士出身亦何裨於經術何施於國用哉

實録言洪武十四年六月丙辰詔於國子諸生中選才學優等聰明俊偉之士得三十七人命之博極羣書講明道德經濟之學以期大用稱之曰老秀才累賜羅綺襲衣巾韡恩遇甚厚後來庶吉士之制實本於此是則聖祖所望於諸生者固不僅以帖括之文而惜乎大臣無通經之士使一代籲俊之典但止於斯可歎也

永樂二十二年十月丁卯仁廟諭大學士楊士奇等曰朝廷所重安百姓而百姓不得蒙福者繇牧守匪人牧守匪

人縣學官失教故歲貢中愚不肖十率七八古事不通道理不明此豈可任安民之寄當日貢舉之行不過四十年而其弊已如此乃護局之臣猶託之祖制而相持不變乎

三場

國初三場之制雖有先後而無重輕乃士子之精力多專於一經畧於考古主司閲卷復護初場所中之卷而不深求其二三場夫昔之所謂三場非下帷十年讀書千卷不能有此三場也今則務於捷得不過於四書一經之中擬題一二百道竊取他人之文記之入場之日抄謄一過便可僥倖中式而本經之全文有不讀者矣率天下而爲欲速成之童子學問由此而衰心術由此而壞宋嘉祐中知

本李[illegible]早年回憶[illegible]時文[illegible][illegible]家進場作一謄録[illegible]生而已

知諫院歐陽修上言今之舉人以二千人爲率請寬其日限而先試以策而考之擇其文辭鄙惡者文意顛倒重複者不識題者不知故實畧而不對所問者誤引事跡者雖能成文而理識乖誕者雜犯舊格不合式者凡此七等之人先去之計二千人可去五六百以其留者次試以論又如前法而考之又可去其二三百其留而試詩賦者不過千人矣於千人而選五百少而易考不至勞昏考而精當則盡善矣縱使考之不精亦當不至大濫蓋其節抄剽盜之人皆以先策論去之矣比及詩賦皆是已經策論粗有學問理識不至乖誕之人縱使詩賦不工亦可以中選矣如此可使童年新學全不曉事之人無由而進今之有天

下者不能復兩漢舉士之法不得已而以言取人則文忠之論亦似可取葢救今日之弊莫急乎去節抄剽盜之人而七等在所先去則闒劣之徒無所僥倖而至者漸少科塲亦自此而清也

擬題

今日科塲之病莫甚乎擬題且以經文言之初塲試所習本經義四道而本經之中塲屋可出之題不過數十富家巨族延請名士館於家塾將此數十題各撰一篇計篇酬價令其子弟及僮奴之俊慧者記誦熟習入塲命題十符八九即以所記之文抄謄上卷較之風簷結構難易迥殊四書亦然發榜之後此曹便爲貴人年少美貌者多得館

選天下之士靡然從風而本經亦可不讀矣予聞昔年五經之中惟春秋止記題目然亦須兼讀四傳又聞嘉靖以前學臣命禮記題有出喪服以試士子之能記否者百年以來喪服等篇皆刪去不讀今則并檀弓不讀矣書則刪去五子之歌湯誓盤庚西伯戡黎微子金縢顧命康王之誥文侯之命等篇不讀詩則刪去淫風變雅不讀易則刪去訟否剝遯明夷睽蹇困旅等卦不讀止記其可以出題之篇及此數十題之文而已讀論惟取一篇披揀不過盈尺（隋書崔賾傳）因陋就寡赴速邀時（舊唐書薛謙光傳）昔人所須十年而成者以一年畢之昔人所待一年而習者以一月畢之成於勦襲得於假倩卒而問其所未讀之經有茫然不知

爲何書者故愚以爲八股之害等於焚書而敗壞人材有
甚於咸陽之郊所坑者但四百六十餘人也請更其法凡
四書五經之文皆問疑義使之以一經而通之五經又一
經之中亦各有疑義如易之鄭王詩之毛鄭春秋之三傳
以及唐宋諸儒不同之說四書五經皆依此發問漢人所謂發策
決科者是如此正其對者必如朱子所云通貫經文條舉衆說而
斷以己意宋史劉恕傳舉進士詔能講經義者別奏名應召者才數人十恕以春秋礼記對先列註疏方
引先儒異說末乃斷以己意凡二十問所對皆然其所出之題不限盛衰治亂宋文
鑑載張庭堅自靖人自獻于先王經義一篇使人不得意擬而其文必出於場
中之所作則士之通經與否可得而知其能文與否亦可
得而驗矣又不然則姑用唐宋賦韻之法猶可以杜節抄

剽盜之弊蓋題可擬而韻不可必文之工拙猶其所自作必不至以他人之文抄謄一過而中式者矣其表題專出唐宋策題兼問古今（如王梅溪集中所載）人自不得不讀通鑑矣夫舉業之文昔人所鄙斥而以爲無益於經學者也今猶不出於本人之手爲何其愈下也哉

讀書不通五經者必不能通一經不當分經試士且如唐宋之世尚有以老莊諸書命題如卮言日出賦至相率扣殿檻乞示者今不過五經益以三禮三傳亦不過九經而已此而不習何名爲士宋史馮元授江陰尉時詔流内銓取明經者補學官元自薦通五經謝泌笑曰古人治一經而至皓首子尚少能盡通邪對曰達者一以貫之更問疑

義辨析無滯

石林燕語熙寧以前以詩賦取士學者無不先徧讀五經余見前輩雖無科名人亦多能襍舉五經蓋自幼學時習之故終老不忘自改經術人之教子者往往以一經授之他經縱讀亦不能精其教之者亦未必皆通五經故雖經書正文亦多遺誤若今人問答之間稱其人所習爲貴經自稱爲敝經尤可笑也

科場之法欲其難不欲其易使更其法而予之以難則覬倖之人少少一覬倖之人則少一營求患得之人而士類可漸以清抑士子之知其難也而攻苦之日多多一攻苦之人則少一羣居終日言不及義之人而士習可漸以改矣

墨子言今若有一諸侯於此爲政其國家也曰凡我國能射御之士我將賞貴之不能射御之士我將罪賤之問於若國之士孰喜孰懼我以爲必能射御之士喜不能射御之士懼曰凡我國之忠信之士我將賞貴之不忠信之士我將罪賤之問於若國之士孰喜孰懼我以爲必忠信之士喜不忠信之士懼今若責士子以無通九經記通鑑歷代之史而曰若此者中不若此者黜我以爲必好學能文之士喜而不學無文之士懼也然則爲不可之說以撓吾法者皆不學無文之人也人主可以無聽也

今日欲革科舉之弊必先示以讀書學問之法暫停考試數年而後行之然後可以得、晉元帝從孔坦之議聽孝

廉申至七年乃以試胡三省註綏為之期日由古之人有行之者

題切時事

考試題目多有規切時事亦虞帝予違汝弼之遺意也宋史張洞傳試開封進士賦題曰孝慈則忠時方議濮安懿王稱皇事英宗曰張洞意諷朕宰相韓琦進曰言之者無罪聞之者足以戒上意解古之人君近則書官師之規遠則通鄉校之論此立義而爭諫之塗廣矣

天啟四年應天鄉試題今夫奕之為數一節以譏忠賢始用事也浙江鄉試題君之視臣如手足則臣視君如腹心以杖殺工部郎萬燝也七年江西鄉試題皜皜乎不可尚已其年監生陸萬齡請以忠賢建祠國學也萬齡疏以忠賢芟除奸黨

爲誅少正卯定三朝要典爲作春秋請上特製碑文并祠其父於後室以比於啟聖崇禎三年應天鄉試題舉直錯諸枉能使枉者直以媚奄諸臣初定逆案也此皆足以開帝聽而持國是者時當季葉而洊水鶴鳴之義猶存於士大夫可以想見先朝之遺化若崇禎九年應天鄉試春秋題宋公入曹以曹伯陽歸以公孫彊比陳啟新是以曹伯陽比皇上非所宜言大不敬天啟七年順天鄉試書經題我二人共貞以周公比魏忠賢則又無將之漸亦見之彈文者也

景泰初虜奉上皇至邊邊臣不納雖有社稷爲重之説然當時朝論即有以奉迎之緩爲譏者順天鄉試題所謂平天下在治其國者一節蓋有諷意

試文格式

經義之文流俗謂之八股蓋始於成化以後股者對偶之名也天順以前經義之文不過敷演傳註或對或散初無定式其單句題亦甚少成化二十三年會試樂天者保天下文起講先提三句卽講樂天四股中間過接四句復講保天下四股復收四句再作大結弘治九年會試責難於君謂之恭文起講先提三句即講責難於君四股中間過接二句復講謂之恭四股復收二句再作大結每四股之中一反一正一虛一實一淺一深（亦有聯屬二句四句為對排比十數對成篇而不止於八股者）其兩扇立格（謂題本兩對文亦兩大對）則每扇之中各有四股其次第之法亦復如之故人相傳謂之八股若長題則不

拘此嘉靖以後文體日變而問之儒生皆不知八股之何謂矣孟子曰大匠誨人必以規矩今之爲時文者豈必裂規偭矩矣乎

發端二句或三四句謂之破題大抵對句爲多此宋人相傳之格本之唐人賦格下申其意作四五句謂之承題然後提出夫子曾子子思孟子皆然爲何而發此言謂之原起至萬曆中破止二句承止三句不用原起篇末敷演聖人言畢自攄所見或數十字或百餘字謂之大結國初之制可及本朝時事以後功令益密恐有藉以自衒者但許言前代不及本朝至萬曆中大結止三四句於是國家之事罔始罔終在位之臣畏首畏尾其象已見於應舉之文矣

試錄文字之體首行曰第一塲頂格寫次行曰四書下一格次行題目又下一格五經及二三塲皆然至試文則不能再下仍提起頂格此題目所以下二格也若歲考之卷則首行曰四書頂格寫次行題目止下一格經論亦然（須知自古以來書籍文字首行無不頂格寫者）後來學政苟且成風士子試卷省卻四書各經字竟從題目寫起依大塲之式槩下二格聖經反下自作文高於理爲下通然日用而不知亦已久矣又其異者沿此之例不論古今詩文槩以下二格爲題萬曆以後坊刻盛行每題之文必注其人之名於下而刻古書者亦化而同之如題曰周鄭交質下二格其行末書左丘明題曰伯夷列傳下二格其行末書司馬遷變歷代相傳

之古書以肖時文之面貌使古人見之當爲絶倒

程文

自宋以來以取中士子所作之文謂之程文金史承安五年詔考試詞賦官各作程文一道示爲舉人之式試後赴省藏之至本朝先亦用士子程文刻錄後多主司所作遂又分士子所作之文别謂之墨卷

文章無定格立一格而後爲文其文不足言矣唐之取士以賦而賦之末流最爲冗濫宋之取士以論策而論策之弊亦復如之本朝之取士以經義而經義之不成文又有甚於前代者皆以程文格式爲之故日趨而下鼂董公孫之對所以獨出千古者以其無程文格式也欲振今日之

文在毋拘之以格式而後異之才出矣

判

舉子第二場作判五條猶用唐時銓試之遺意至於近年士不讀律止抄錄舊本入場時每人止記一律或吏或戶記得五條場中即可互換中式之卷大半雷同最爲可笑通典選人條例其倩人暗判人間謂之判羅此最無恥請牓示以懲之後唐明宗天成三年中書奏吏部南曹關今年及第進士內三禮劉瑩等五人所試判語皆同勘狀稱晚逼試期偶拾得判草寫淨實不知判語不合一般者勅貢院擢科考詳所業南曹試判激勸爲官劉瑩等既不攻文只合直書其事豈得相傳藁艸侮瀆公場宜令所司落

下放罷宋史太祖紀開寶六年八月丁酉泗州推官侯濟坐試判假手杖除名夫以五代偏安喪亂之餘尚令科罷今以堂堂一統作人之盛而士子公然互換至一二百年目爲通弊不行覺察傳之後代其不爲笑談乎

試判起於唐高宗時初吏部選才將親其人覆其吏事始取州縣案牘疑議試其斷割而觀其能否後日月浸久選人猥多案牘淺近不足爲難乃採經籍古義假設甲乙令其判斷旣而來者益衆而通經正籍又不足以爲問乃徵僻書曲學隱伏之義問之惟懼人之能知也佳者登於科第謂之入等其甚拙者謂之藍縷各有升降選人有格限未至而能試文三篇謂之宏詞試判三條謂之拔萃亦曰

超絶詞美者得不拘限而授職今國朝之制以吏部選人之法而施之貢舉欲使一經之士皆通吏部其意甚美又不用假設甲乙止據律文尤爲正大得體但以五尺之童能強記者旬日之力便可盡荅而無難亦何以定人才之高下哉蓋此法止可施於選人引試俄頃之間而不可行之通場廣衆竟日之久宜乎各記一書互相倒換朝廷之制有名行而實廢者此類是矣必不得已而用此制其如通典所云問以時事疑獄令約律文斷決不乖經義者乎

經文字體

生員冒濫之弊至今日而極求其省記四書本經全文百中無一更求通曉六書字合正體者千中無一也簡汰之

休以至老死自為得計豈復有揣摩古今風俗整齊教化根本原始要終長轡遠馭者哉古今一揆可勝慨惜

史學

唐穆宗長慶二年三月諫議大夫殷侑言司馬遷班固范曄三史為書勸善懲惡亞於六經比來史學廢絕至有身處班列而朝廷舊章莫能知者於是立三史科及三傳科通典舉人條例其史書史記為一史漢書為一史後漢書並劉昭所注志為一史三國志為一史晋書為一史李延壽南史為一史北史為一史習南史者並通宋齊志習北史者通後魏隋書志自宋以後史書煩碎冗長請但問政理成敗所因及其人物損益關於當代者其餘一切不問

法是亦非難但分為二場第一場令暗寫四書一千字經一千字脫誤本文及字不遵式者貼出除名第二場乃考其文義則矍相之射僅有存者矣或曰此末節也豈足為才士累夫周官教國子以六藝射御之後繼以六書而漢世試書九千字以上乃得為史以周官童子之課而責之成人漢世掾史之長而求之秀士猶且不能則退之隴畝其何辭之有北齊策孝秀於朝堂對字有脫誤者呼起立席後書迹濫劣者飲墨水一升文理孟浪者奪席脫容刀僭霸之君尚立此制以全盛之朝求才之主而不思除弊之方課實之效與天下因循於溷濁之中以是為順人情而已權文公有言常情為習所勝避患安時俾躬處

國朝自高祖以下及睿宗實録并貞觀政要共爲一史朱子亦嘗議分年試士以左傳國語史記兩漢爲一科三國晉書南北史爲一科新舊唐書五代史爲一科時務律曆地理爲一科今史學廢絶又甚唐時若能依此法舉之十年之間可得通達政體之士未必無益於國家也

宋孝宗淳熙十一年十月太常博士倪思言舉人輕視史學今之論者史獨取漢唐混一之事三國六朝五代以爲非盛世而恥談之然其進取之得失守禦之當否籌策之踈密區處兵民之方形勢成敗之迹俾加討究有補國家請諭春官凡課試命題襍出諸史無所拘忌考覈之際稍以論策爲重毋止以初場定去留從之

史言薛昂爲大司成寡學術士子有用史記西漢語輒黜

之在哲宗時嘗告罷史學哲宗亦爲俗佞吁何今日俗佞之多乎

出身授官

史言開元以後四海晏清士無賢不肖恥不以文章達其應詔而舉者多則二千人少猶不減千人所收百纔有一文獻通考唐時所放進士每歲不過二三十人冊府元龜貞元十八年五月勅自今已後每年考試所收人明經不得過一百人進士不得過二十人如無其人不必要滿此數太和元年二年三年每年恩賜及第四十人二年正月礼部奏請每年進士以三十人為限從之士之及第者未便解褐入仕尚有試吏部一關韓文公三試於吏部無成則十年猶布衣且有出身二十年不獲祿者東萊呂氏曰唐時進士登第者尚未釋褐或是為人所論薦或再應皆中或藩方辟舉然後始得釋褐冊府元龜唐文宗語宰臣

曰凡進士及第有方鎮奏請判官者第一任未經作州縣官莫依但第一任曾作州縣官即第二任依奏 自宋太宗太平興國二年上初即位思振淹滯賜進士諸科出身者五百餘人石林燕語是年進士特取一百九人自是連放五榜通取八百一人皆先賜緑袍鞾笏賜宴開寶寺第一第二等進士及九經授將作監丞大理評事通判諸州其餘皆優等注擬寵章殊異歷代未有也薛居正等言取人太多用人太驟不聽陸游南唐書言馮延魯子僎韓熙載知貢舉放及第覆試被黜後與其弟侃儀价侃入宋繼取名第益南唐及第止於三人五人而宋及第至百餘人也此太宗初一天下欲以得士之盛誇越前代榮觀史冊宋史王禹偁上疏言大祖之世每歲進士不過三十人經學五十人重以諸侯不得奏辟士大夫罕有資蔭故有終身不獲一第沒齒不獲一官太宗毓德王藩觀其如此臨御之後不求備以取人舍短用長拔十得五在位將二紀登第者近萬人雖有俊傑之才亦多容易而得而不知僥倖之心欲速

之習中於士人者且數百年而不可返矣又考通典舉人
條例四經出身授緊縣尉判入第三等授望縣尉五經出
自授望縣尉判入第三等授畿縣尉進士與四經同資是
唐時明經進士初除不過縣尉宋史進士明經入望州判司次畿簿尉文獻通考
開寶八年王嗣宗為狀元止授秦州司理參軍大平興國以後始授將作監丞大理評事通判諸州當時以為異數
至今代則一入詞林更不外補謝肇淛曰國朝進士一入史館即與六卿抗禮二十
年間便可躋卿相清華之選百職其敢望焉唐宋之代出為郡守入為兩制未嘗有此格也二甲之除
猶為部屬崇浮長惰職此之繇所以一第之後盡棄其學
而以營陞納賄為事者以其得之淺而貴之驟也其於唐
人舉士之初制失之遠矣
儒林公議言太宗臨軒放牓三五名以前皆出試郡符遷

擢榮速。陳堯叟、王曾初中第，即登朝，領太史之職，賜以朱韍。爾後狀元登第者，不十餘年，皆望柄用，人亦以是爲當得之也。每殿廷臚傳第一，則公卿以下無不聳觀，雖至尊亦注視焉。自崇政殿出東華門，傳呼甚寵，觀者擁塞通衢。今代狀元及第之榮，一甲翰林之授，權與於是矣。又言雒陽人尹洙，豪士也，嘗曰：狀元及第，雖使將兵數十萬，恢復幽薊，逐出彊胡，凱歌勞還，獻捷太廟，其榮無以加焉。宋之務虛文而忘實事，即太宗有以開之矣。

宋初用人之弊有二：進士釋褐不試吏部，一也；獻文得旨召試除官，二也。今衡文之途已華，而入官之選尚輕，二者之弊，其一尚存，似宜仍用唐制。

用八股之人才而使之理煩治衆，此夫子所謂賊夫人之

于也

生員額數

生員猶曰官員有定額謂之員唐書儒學傳國學始置生七十二員取三品以上子弟若孫爲之太學百四十員取五品以上四門學百三十員取七品以上郡縣三等上郡學置生六十員中下以十爲差上縣學置生四十員中下亦以十爲差此生員之名所始而本朝制亦畧倣之

國初諸生無不廩食於學會典言洪武初令在京府學六十人在外府學四十人州學三十人縣學二十人日給廩膳聽於民間選補仍免其差徭二丁正統六年閏十一月乙未以直隸保安州臨邊民少減儒學訓導一員生員併爲兩齋歲貢依縣學例其後以多才之地許令增

廣亦不過三人五人而已踵而漸多於是宣德元年定爲之額如廪生之數其後又有軍民子弟俊秀待補增廣之名（大明會典正統十二年奏准常額之外軍民子弟願入學者提調教官考選俊秀待補增廣員缺一體考送應試按實錄此從鳳陽府知府楊瓚之言先是廪增額外之生止謂之入學寄名此則准其待缺補充增廣生矣）久之乃號曰附學無常額而學校自此濫矣異時每學生員不過數十人故考試易精程科易密而洪武二十四年七月庚子詔歲貢生員不中其廪食五年者罰爲吏不及五年者遣還讀書次年復不中者雖未及五年亦罰爲吏二十七年十月庚辰詔生員食廪十年學無成效者罰爲吏成化初禮部奏准革去附學生員（四年五月庚申下）已而不果行（成化元年大藤峽用兵始令兩廣考試不中生員廪膳納米五十石增廣納米三十石免其充吏放回寧家其

年保定等府縣水災復依此例廩膳納米六十石增廣四十石以後餉軍賑饑率依此例至五年二月提調直隸學校監察御史陳煒奏請免其充吏竟發爲民奉旨准行仍追其所食廩米而教官提調官亦各有罰取之如彼其少課之如此其嚴豈有如後日之濫且惰者乎今人於取進士用三塲動言遵祖制而於此獨不肯申明祖制舉　世而爲姑息之政僥倖之人是可嘆也

宣德三年三月戊戌行在禮部尚書胡濙奉旨令各處巡按御史同布政司按察司并提調官教官將生員公同考試食廩膳七年以上學無成效者發充吏六年以下追還所給廩米黜爲民至宣德七年奏天下生員三萬有奇其時即已病生員之濫而尚未有提學官之設是以煩特旨而會多官也

正統元年五月壬辰始設提調學效先日避熹廟諱改作較今按作效則音義

竝協官每處添按察司官一員南北御史各一員十年四月廣東左參議楊信民奏自設提調學效官以來監臨上司嫌於侵職巡歷所至置之不問如廣東諸處但江隔海提學官不過歲一至而已雖曰職掌行爲文具乞罷之後事下礼部尚書胡濙言布按二司所至處自應提督考較府州縣提調正官每於朔望宜炤例詣學考其勤惰今因設提學官乃彼此提調是非設官之過乃曠職之咎也得旨申飭仍令巡按御史糾舉提學官之不職者十三年七月丙戌山西絳縣儒學署訓導事舉人張幹請罷提督學校御史僉事等官部議從之上不允景泰元年四月壬午翰林院編脩周洪謨請裁革各處提學官天順五年十一月庚申復設提督學校官其條例曰生員食廩六年以上不諳文理者悉

發充吏增廣生入學六年以上不諳文理者罷黜為民當

差又曰生員有闕卽於本處官員軍民之家選考端重俊

秀子弟補充當時生員有闕方補今充吏之法不行而新進附生乃

有六年未滿免之例盍繇此而推之也

李吉甫在中唐之世疾吏員太廣謂繇漢至隋未有多於今者天下常以勞苦之人三奉坐待衣食之人七而今則遐陬下邑亦有生員百人即未至擾官害民而已爲遊手之徒足稱五蠹之一矣有國者苟知俊士之效賒而游手之患切其有不亟爲之所乎

其中之劣悪者一爲諸生即思把持上官侵噬百姓聚黨成羣投牒呼譟（正統十四年六月丙辰詔生員事犯黜退者輒罷充吏免追廩米若犯受贓姦盗冒籍科舉挾妓飲酒居喪娶妻妾等罪者南北直隷發充兩京國子監膳夫各布政司發充隣近儒學齋夫膳夫滿日原籍爲民充警廩膳仍追廩米）至崇禎之末開門迎賊者生員縛官投僞者生員幾於魏博之牙軍成都之突將矣故十六年殿試策問有曰秀孝間汙潢池（時舉人亦有從賊者故云）嗚呼養士而不精

其效乃至於此

景泰四年四月己酉右少監武艮禮部右侍郎兼左春坊左庶子鄒幹等奏臨清縣學生員伍銘等願納米八百石乞入監讀書今山東等處正缺糧儲宜允其請從之并詔各布政司及直隸府州縣學生員能出米八百石於臨清東昌徐州三處賑濟願入監讀書者聽此一時之秕政遂循之二百年

五月庚申令生員納米入監者比前例減三百石

河南開封府儒學教授黄鑾奏納粟拜官皆衰世之政乃有之未聞以納粟為貢士者臣恐書之史冊將取後世作俑之譏部議倉廩稍實即為停罷

八月癸巳禮部奏邇因濟寧徐州饑權宜拯濟令生員輸米五百石入監讀書雖云權宜實壞士習請弛其令庶生徒以學行相勵從之

正統以後京官多為其子陳情乞恩送監讀書者此太學之始壞

天順五年十月令生員納馬廿匹補監生

唐書載尚書左丞賈至議曰夫先王之道消則小人之道長小人之道長則亂臣賊子生爲臣弑其君子弑其父非一朝一夕之故其所由來者漸矣漸者何謂忠信之陵頹恥尚之失所末學之馳騁儒道之不舉四者皆取士之失也近代趨仕靡然向風致使祿山一呼而四海震蕩思明

再亂而十年不復向使禮讓之教弘仁義之道著則忠臣孝子比屋可封逆節不得而萌人心不得而揺矣觀三代之選士任賢皆考實行故能風化淳一運祚長遠秦坑儒士二代而亡漢興襟三代之政弘四科之舉西京始振經術之學東都終持名節之行至有近戚竊位強臣擅權弱主外立母后專政而社稷不隕終彼四百年豈非興學行道扇化於鄉里哉厥後文章道弊尚於浮侈取士術異苟濟一時自魏至隋四百餘載三光分景九州阻域竊號僭位德義不脩是以子孫速顛享國咸促國家革魏晋梁隋之弊承夏殷周漢之業四隩既宅九州攸同覆燾亭育合德天地安有捨皇王舉士之道縱亂代取人之術此公卿大

夫之辱也是則與科之弊必至於躁競而躁競之歸馴至於亂賊自唐迄今同斯一轍有天下者誠思風俗爲人才之本而以教化爲先庶乎德行脩而賢才出矣

國初有以儒士而入科場者謂之儒士科舉景泰間陳循奏臣原籍吉安府自生員之外儒士報科舉者往々一縣至有二三百人

中式額數

今人論科舉多以廣額爲盛不知前代乃以減數爲美談著之於史舊唐書王丘傳開元初遷考功員外郎貢舉舊以考功員外郎主之開元二十四年始改用礼部侍郎杜甫詩忤下考功第先是考功舉人請託大行取士頗濫每年至數百人此通計諸科之數丘一切覈其實材

登科者僅滿百人議者以爲自則天已後凡數十年無如今者嚴挺之傳開元中爲考功員外郎典舉二人年稱平允登科者頓減二分之一　陸贄傳知貢舉一歲選士纔十四五此進士登第之數數年之內居臺省清近者十餘人此皆因減而精昔人之所稱善今人爲此不但獲刻薄之名而又生失門生百數十人雖至愚者不爲矣

高鍇傳爲禮部侍郎凡掌貢部三年每歲登第者四十人開成三年勑曰進士每歲四十人其數過多則非精選官從填委要窒其源宜改每歲加放三十人如不登其數亦聽文宗之識豈不優於宋太宗乎賈餗傳太和中三典禮闈所選士共止七十五人

齊王融爲武帝作策秀才文曰今農戰不脩文儒是競宋自太宗太平興國二年賜進士諸科五百人遽令釋褐而二年進士至萬二百六十人淳化二年至萬七千三百人見曾鞏文集於是一代風流無不趨於科第葉適作制科論謂士人猥多無甚於今世此雖足以弘文教之盛而士習之偷亦自此始矣呂氏家塾記言今士人所聚多處風俗便不好魯哀公用莊子之言號於國中曰無其道而爲其服者其罪死五日而魯國無敢儒服者獨有一丈夫儒服而立乎公門公召而問以國事千轉萬變而不窮莊子曰以魯國而儒者一人耳可謂多乎記曰垂緌五寸惰游之士也今將求儒者之人而適得惰游之士此其說在乎楚葉公之好畫龍而不好真

龍也

永樂十年二月會試天下舉人上諭考官楊士奇金幼孜曰數科取士頗多不免玉石襍進今取毋過百人

正統五年十二月始增會試中式額爲百五十人應天府鄉試百人他處皆量增之

天順七年有監察御史朱賢上言欲多收進士以備任使上惡其干舉下錦衣衛獄降四川忠州花林水驛驛丞

通塲下第

册府元龜唐天寶十載九月辛卯上御勤政樓試懷才抱器舉人丙申勑曰朕祗膺寶曆殷鑒遠圖慮草澤之遺賢降弓旌於屢辟足以三紀於茲羣材輻湊或一言可紀必

適輪轅一善可紀每加獎進庶六合之内靡然同風四科之門咸能一貫何兹意之緬邈而增修之寂寥今者舉人深乖宿望朕之所問必正經之卿等所荅咸皆少通朕以獨鑒未周必資僉議爰命朝賢三事精加詳擇咸以爲闕於聚學莫可登科其懷材抱器舉人並放更習學其有不對策羅嘉茂既是白丁宜於劍南效力全不荅所問崔慎感劉瓚等勒爲本郡充學生之數勿許東西其所舉官各量貶殿以示懲誡是通場皆下第也然玄宗不因是而廢此科且黜落之舉人猶稱爲卿等既無峻切之文亦不爲姑息之政斯得之矣

御試黜落

宋史仁宗紀嘉祐二年三月賜禮部奏名進士諸科及第出身八百七十七人親試舉人免黜落始此此仁宗末年姑息之政

詒謀録曰舊制殿試皆有黜落臨時取旨或三人取一或二人取一或三人取二故有累經省試取中而擯棄於殿試者自張元以積怨降元昊爲中國患朝廷始因其家屬未幾復縱之於是羣臣建議歸咎于殿試嘉祐二年詔進士與殿試者皆不黜落是一時進之士子爲天下後世士子無窮之利也阮漢聞言以張元而罷殿試之黜落則懲黄巢之亂將天下士子無一不登第而後可

殿舉

宋初約周顯德之制定貢舉條法及殿罰之式進士文理

紕繆殿五舉今詔罰科之諸科初場十否不通者謂之否殿五舉第二第三場十否殿三舉第一場至第三場九否竝殿一舉殿舉之數朱書於試卷送中書門下今之科場有去取而無勸懲故不才之人得以旅進而言此者世必以爲刻薄矣

英宗實録宣德十年九月令天下歲貢生員從行在翰林院考試中式者送南北國子監讀書不中者發原籍住廩肄業以待復試再不中者發充吏提調教官如例責狀今歲貢廷試亦無黜落設科取士大抵爲恩澤之塗矣

進士得人

唐書選舉志衆科之目進士尤爲貴其得人亦最爲盛焉文宗好學嗜古鄭覃以經術位宰相深嫉進士浮薄屢請

罷之公主傳德宗女魏國公主下嫁王士平得罪貶賀州司戶參軍門下客蔡南史獨孤申叔爲主作團雪散雪辭帝聞怒捕南史逐之幾廢進士科唐語林進士舉人各樹名甲開成會昌中語曰鄭楊段薛炙手可熱

武宗即位宰相李德裕尤惡進士謂朝廷選官須公卿子弟爲之何者少習其業自熟朝廷事臺閣之儀不教而自成寒士縱有出人之才固不能閑習也德裕之論詭異益如此然進士科當唐之晚節尤爲浮薄世所共患也

金史言取士之法其來不一至於唐宋進士盛爲當時士君子之進不繇是塗則自以爲慊苦簟反此繇時君之好尚故人心之趨向然也

當作歎不經於上遺一字

宋馬永卿言本朝取士之路多矣得人之盛無如進士至有一榜得宰相若數人者其間名臣不可勝數此進士得

豈未有進士科以前宰之無宰相耶

人之明效也或曰不然以本朝崇尚進士故天下英才皆入此科若云非此科不得人則失之矣唐開元以前未嘗尚進士科故天下名士雜出他塗開元以後始尊崇之故當時名士中此科者十常七八以此卜之可以見矣

餘姚黄宗羲作明夷待訪録其取士篇曰古之取士也寬其用士也嚴今之取士也嚴其用士也寬古者鄉舉里選士之有賢能者不患於不知降而唐宋其科目不一士不得與於此尚可轉而從事於彼是其取之之寬也王制命鄉論秀士升之司徒曰選士司徒論選士之秀者升之學曰俊士大學正論造士之秀者升之司馬曰進士司馬論進士之賢者以告於王而定其論論定然後官之任官然

後爵之位定然後祿之唐之士及第者未便解褐入仕吏部又復試之詳下條宋雖入第入仕然亦止簿尉令錄榜首纔得丞判是其用之之嚴也寬於取則無遺才嚴於用則無倖進今也不然其取士止有科舉一塗雖使豪傑之士若屈原董仲舒司馬相如楊雄之徒舍是亦無繇而進取之不謂嚴乎哉一日苟得上之列於侍從下亦置之郡縣即其黜落而爲鄉貢者終身不復取解授之以官用之又何其寬也嚴於取則豪傑之老死丘壑者多矣寬於用此在位者多不得其人也流俗之人徒見二百年以來之功名氣節一二出於其中遂謂科法已善不必他求不知科第之內既聚此千百萬人不應功名氣節之士獨不得

惟上書一途不可開

入則是功名氣節之士之得科第非科第之能得功名氣
節之士也假使探籌較其長短而取之行之數百年則功
名氣節之士亦自有出於探籌之中者寧可謂探籌爲取
士之善法邪究竟功名氣節人物不及漢唐遠甚徒使庸
妄之輩充塞天下豈天之不生才哉則取之之法非也我
故寬取士之塗有科舉有薦舉有太學有任子有郡縣佐其法
以諸生掌六曹有辟召有絶學有上書而用之之嚴附見爲
國初薦辟之法既廢而科舉之中尤重進士神宗以來遂
有定例州縣印官以上中爲進士缺中下爲舉人缺最下
乃爲貢生缺舉貢歷官雖至方面非廣西雲貴不以處之
以此爲銓曹一定之格間有一二舉貢受知於上拔爲卿

立法貴慎于始神宗定上中下三等為釀禍之基矣

貳大僚則必盡力攻之使至於得罪譴逐且殺之而後已於是不繇進士出身之人遂不得不投門路以自庇資格與朋黨二者牢不可破而國事大壞矣至於翰林之官又以清華自處而鄙夷外曹崇禎中先帝忽用推知考授編簡諱改而衆口交譁有適從何來遽集於此之誚唐武儒衡語嗚呼科第不與資格期而資格之局成資格不與朋黨期而朋黨之形立防微慮始有國者其為變通之計乎

大臣子弟

人主設取士之科以待寒畯誠不宜使大臣子弟得與其間以示寵遇之私而大臣亦不當使其子弟與寒士競進魏孝文時于烈爲光祿勳卿其子登引例求進烈上表請

黜落孝文以爲有識之言雖武夫猶知此義也唐之中葉朝宗漸非然一有此事尚招物議長慶元年禮部侍郎錢徽知貢舉中書舍人李宗閔子婿蘇巢右補闕楊汝士弟殷士皆及第爲段文昌所奏指摘牓内鄭朗等十四人謂之子弟穆宗乃内出題目重試落朗等十人貶徽江州刺史宗閔劍州刺史汝士開江令舊唐書會昌四年權知貢舉左僕射王起奏所放進士有江陵節度使崔元式甥鄭朴東都留守牛僧孺女婿源重故相竇易直子緘監察御史楊收弟嚴試文合格物議以子弟非之勑遣户部侍郎翰林學士白敏中覆試落下三人唯放楊嚴一人○冊府元龜唐書楊嚴傳又有楊知至共五人大中元年禮部侍郎魏扶奏臣今年所放進

士三十三人其封彥卿崔琢鄭延休等三人實有詞藝爲時所稱皆以父兄見居重任不敢選取詔令翰林學士承旨戶部侍郎韋琮考覆敕放及第舊唐書大中末令狐綯罷相其子滈應進士舉在父未罷相前援文解及第諫議大夫崔宣論滈干撓主司侮弄文法請下御史臺推勘疏留中不出舊唐書令狐綯子滈傳大中十三年綯罷相爲其子滈乞應進士舉許之登第三十人有鄭羲者故戶部尚書瀚之孫裴　故相休之子魏　故相扶之子及滈皆大臣子弟諫議大夫崔宣論滈權　一　勢傾天下及綯罷相出鎮之日便令滈納卷貢闈豈可以父去樞衡獨撓文柄請下御史臺接閤奏疏不下　冊府元龜載起居郎張雲疏言綯方出鎮滈便策名放榜宣麻相去二十三日後梁開平三年五月勑禮部所放進士薛鈞諱是左司侍郎薛廷珪男方持省轄固合避嫌宜令所司落下宋開寶元年權知貢舉王祐擢

進士合格者十人陶穀子邴名在第六翼日穀入謝上謂侍臣曰聞穀不能訓子邴安得登第乃命中書覆試邴復登第因下詔自今舉人凡關食禄之家禮部具聞覆試山堂考索至太宗以後科額日廣登用亦驟而上下斤斤猶守此格有人主示公而不取者雍熙二年宰相李昉之子宗諤參政呂蒙正之弟蒙亨鹽鐵使王明之子扶度支使許仲宣之子待問舉進士試皆入等上曰此並勢家與孤寒競進縱以藝升人亦謂朕有私遂罷之是也山堂考索有人臣守法而自罷者唐質肅公介參政子義問鎖廳試禮部用舉者召試秘閣介引嫌罷之是也宋史有子弟恬退而不就者韓維嘗以進士薦禮部父億任執政不就廷試仁宗患搢

紳奔競諭近臣曰恬靜守道者旌擢則躁求者自當知愧於是宰相文彦博等言維好古嗜學安於靜退乞加甄録召試學士院辭不赴除國子監主簿是也山堂考索舊唐書言王荛若學善屬文以季父鐸作相避嫌不就科試而趙屼爲御史上疏言治平以前大臣不敢援置親黨於要途子弟多處筦庫甚者不使應科舉自王安石柄國持内舉不避親之説始以子雱列侍從繇是循習爲常今宜杜絶其源宋史以此爲巧猶有若秦檜子熺孫損試進士皆爲第一者清波雜志紹聖丁丑章持魁南省時有詩云何處難忘酒南宫放榜時有才如杜牧無勢似韋持不取通經士先收執政兒此時無一盞何以展愁眉至於國朝此法不講又入仕之塗雖不限出身然非進士一科不能躋於貴顯於是宦游子弟攘臂而就功名三百年來惟

聞一山陰王文端名家屛萬曆中輔臣子湛初中解元不令赴會試者唐宋之風蕩然無存然則寬入仕之塗而厲科名之禁不可不加之意也

天寶二年是時海内晏平選人萬計命吏部侍郎宋遥苗晉卿考之遥與晉卿苟媚朝廷又無廉潔之稱取舍偷濫甚爲當時所醜有張奭者御史中丞倚之子不辨菽麥假手爲判特升甲科會下第者嘗爲薊令以其事白於范陽節度使安禄山禄山恩寵崇盛謁請無時因具奏之帝乃大集登科人御花蕚樓親試升第者十無一二焉奭手持試紙竟日不下一字時謂之曳白帝大怒遂貶遥爲武當太守晉卿爲安康太守復貶倚爲淮陽太守詔曰庭闈之

間不能訓子選調之際乃以託人士子皆以爲嬉笑或託於詩賦諷刺考判官禮部郎中裴朏起居舍人張烜監察御史宋昱左於選孟朝皆貶官嶺外

石林燕語曰國初貢舉法未備公卿子弟多艱於進取蓋恐其請託也范杲魯公之兄子見知陶穀竇儀皆待以甲科會有言世祿之家不當與寒畯爭科名者遂不敢就試李內翰宗諤已過省以文正爲相因唱名辭疾不敢入亦被黜文正罷相方再登科天禧後立法有官人試不中者皆科私罪仍限以兩舉慶曆以來條令日備有官人仍別立額於是進取者始自如矣

謝在杭五雜俎曰宋初進士科法制稍密執政子弟多以

嫌不令舉進士有過省而不敢就殿試者慶暦中王伯庸爲編排官其内弟劉源父廷試第一以嫌自列降爲第二今制惟知貢舉典試者宗族不得入其它諸親不禁也執政子弟擢上第者相望不絶顧其公私何如耳景泰七年大學士王文陳循以其子鄉試不中至具奏訟寃爲皆准令會試楊用脩作狀頭天下不以爲私與江陵諸子異矣萬暦癸未蘇工部濬入闈取李相公廷機爲首卷二公以同筆硯至相善也然蘇取之而不以爲嫌李魁天下而人無間言公也庚戌之役湯庶子賓尹素知韓太史敬拔之高等而其後議論蠭起座主門生皆坐褫職夫韓之才誠高而湯之取未爲失人但心跡難明卒至兩敗亦可惜也

然科塲之法自是日益多端矣

北卷

今制科塲分南北卷中卷實録洪熙元年八月乙卯行在礼部奏定科舉取士之額南士取十之六北士取十之四〇後又令南北各退五卷爲中卷此調停之術而非造就之方

夫北人自宋時即云京東西河北河東陝西五路舉人拙於文辭聲律王氏揮麈録曰國初每歲放榜取士極少安德裕作魁日九人而已蓋天下未混一也至太宗朝浸多所淂率江南之秀其後又別立分數考較五路舉人以北人拙於辭令故優取熙寧二年廷試罷三題專以策取士非襍犯不復黜然五路舉人尤爲陳署黄道夫榜傳臚至第四甲党鑄卷子神宗大笑曰此人何由過省知舉舒信道對以五路人用分數取末名過省上命降作第五甲末况又更金元之亂文學一事不及南人久矣今南人教小學先令屬對猶是唐宋以來相傳舊法北人全不爲此故求其習比偶調

平仄者千室之邑幾無一二人而八股之外一無所通者比比也愚幼時四書本經俱讀全註後見庸師竅生欲速其成多爲删抹而北方則有全不讀者王槐野與鄭少潭提學書言關中士不讀朱註不看大全性理通鑑諸書當嘉靖之時已如此欲令如前代之人參伍諸家之註疏而通其得失固數百年不得一人也不知十三經註疏爲何物也間有一二五經刻本亦多脱文誤字而人亦不能辨此古書善本絶不至於北方而蔡虛齋林次崖諸經學訓詁之儒皆出於南方也景泰三年會試礼部奏准取士不分南北户科給事中李侃等謂北人拙於文辭向日定爲南北之分不可改礼部言鄉舉里選之法不可行矣取士若不以文考官将何所據且北方中士人才所生以古言之大聖如周公孔子大賢如顏曽思孟皆非南人以今言之如靖遠伯王驥左都御史王翱王文皆永樂間不以分南北所取進士今豈可預謂北無其人侃等所言不乞四年會試命仍

分南北中卷故今日北方有二患一曰地荒二曰人荒非大有爲之君作而新之不免於無田甫田維莠驕驕之歎也漢成帝元延元年七月詔內郡國舉方正能直言極諫者各一人北邊二十二郡舉猛勇知兵法者各一人此古人因地取才而不限以一科之法也宋敏求嘗建言河北陝西河東士子性朴茂而辭藻不工故登第者少請令轉運使擇薦有行藝材武者特官之使人材參用而士有可進之路其亦漢人之意也與

糊名

國家設科之意本以求才今之立法則專以防姦爲主如彌封謄録一切之制是也考之唐初吏部試選人皆糊名

令學士考判貳后以爲非委任之方罷之此則糊名之選人而未嘗用用之貢舉貞元中陸贄知貢舉訪士之有才行者於翰林學士梁肅肅曰崔羣雖少年他日必至公輔果如其言冊府元龜唐書本傳贄知貢舉時崔元翰梁肅文藝冠時贄輸心於肅肅與元翰推薦藝實之士一歲選士纔十四五數年之內居臺省清近者十餘人太和初禮部侍郎崔郾試進士東都吳武陵出杜牧所賦阿房宮辭請以第一人處之武陵傳此知其賢而進之也張昌齡舉進士與王公治齊名皆爲考功員外郎王師旦所絀太宗問其故對曰昌齡等華而少實其文浮靡非令器也取之則後生勸慕亂陛下風雅帝然之溫庭筠若心硯席尤長於詩賦初舉進士至京師人士翕然推重然士行塵襍不修邊幅能逐絃吹之音爲側豔之詞

公卿家無賴子弟裴誠令狐滈之徒相與蒱飲酣醉終日繇是累年不第本傳羅隱有詩名尤長於詠史然多譏諷以故不中第冊府元龜此知其不可而退之也宋史陳彭年傳言景德中彭年與晁迥同知貢舉請令有司詳定考試條式真宗命彭年與戚綸參定多革舊制專務防閑其所取者不復選擇文行止較一日之藝雖杜絕請記然置甲等者或非人望文獻通考畧同宋白傳言初陳彭年舉進士輕俊喜謗主司白知貢舉惡其為人黜落之彭年憾焉後居近侍為貢舉條制多所關防蓋為白設也山堂考索同蓋昔之取士雖程其一日之文亦參之以平生之行而鄉評士論一皆達於朝廷李諮傳舉進士真宗聞其至孝擢第三人當時尚未糊名陸游老學庵筆記本朝進士初亦如唐

制蕪採時望直廟時周安惠公起建糊名法一切以程文為去留故王旦傳言翰林學士陳彭年呈改府科場條目旦投之地曰內翰得官幾日乃欲隔絕天下進士彭年皇恐而退畫墁錄言彭年子彥博守汀州以贓敗杖脊流海島其孫逵兄弟發彭年家取金帶分貨抵罪而范仲淹蘇頌之議竝欲罷彌封謄錄之法使有司先考其素行以漸復兩漢選舉之舊本傳夫以彭年一人之私而遵之為數百年之成法無怪乎繁文日密而人材日衰後之人主非有重門洞開之心留不能起而更張之矣

冊府元龜唐憲宗元和二年十二月敕自今以後州府所送進士如跡涉踈狂兼虧禮教或曾為官司科罰或曾任州府小吏一事不合入清流者雖薄有詞藝竝不得申送

如舉送以後事發長吏停現任及已停替者殿二年本試官及司功官並貶降是進一不肖之人考試之官皆有責爲今則藉口於糊名而曰吾衡其文無繇知其人也是教之崇敗行之人而代爲之逭其罪也

容齋四筆曰唐世科舉之柄顓付之主司仍不糊名又有交朋之厚者爲之薦達謂之通榜故其取人也畏於譏議多公而審亦或脅於權勢或撓於親故或累於子弟皆常情所不能免者若賢者臨之則不然未引試之前其去取高下固已定於胷中矣韓文公與祠部陸員外書曰執事之與司貢士者相知誠深矣彼之所望於執事執事之所以待乎彼者可謂至而無閒矣彼之職在乎得人執事之

志在乎進賢如得其人而授之所謂兩得愈之知者有侯喜侯雲長劉述古韋羣玉摭言作紓此四子皆可以當首薦而極論者期於有成而後止可也沈杞張苰登科記作弘尉遲汾李紳張後餘李翊皆出羣之才與之足以收人望而得才實主司廣求焉則以告之可也往者陸相公司貢士愈時幸在得中貞元八年陸贄知舉貢稜等二十二人登第公與爲所與及第者皆赫然有聲原其所以亦繇梁補闕肅王郎中礎佐之梁舉八人無有失者則餘則王皆與謀爲陸相待王與梁如此不疑也至今以爲美談此書在集中不注歲按摭言云貞元十八年權德與主文陸傪員外通榜韓文公薦十人於傪權公凡三榜共放六人餘不出五年內皆捷以登科記考

之貞元十八年德輿以中書舍人知舉放進士二十三人尉遲汾侯雲長韋紓沈杞李翊登第十九年以禮部侍郎放二十人侯喜登第永貞元年放二十九人劉述古登第通三牓共七十二人而韓所薦者預其七元和元年崔邠下放李紳三年又放張後餘張弘皆與摭言合

搜索

舊唐書李揆傳乾元初兼禮部侍郎言主司取士多不考實徒峻其隄防索其書策殊不知藝不至者居文史之圃亦不能摛辭深昧求賢之意也及試進士請於庭中設五經諸史及切韻本於牀引貢生謂之曰大國選士但務得才經籍在此請恣尋簡諱

舒元輿傳舉進士見有司鉤較（譁）苛切因上書言自古貢士未有輕於此言且宰相公卿繇此出而有司以隸人待之羅棘遮截疑其爲姦非所以求忠直也（李覯傳年二十明六經就禮部試吏唱名乃入戲耻之明日徑返江東隱陽羨里）又言國朝較（譁）試窟徵探隱無所不至士至露頂跣足以赴科塲此先輩所以有投槧而出者然狡僞之風所在而有試者愈嚴而犯者愈衆桁楊之辱不足以盡辜如主司真具別鑒雖懷藏蒲篋亦復何益故搜索之法秪足以濟主司之所短不足以顯才士之所長也

今日考試之弊在乎求才之道不足而防姦之法有餘（洪武五年正月癸丑上諭禮部臣曰近代以來舉人不中程式為有司所黜者多不省己自脩以圖再進往往摘拾主司）

細故謗毀以逞私忿禮讓廉恥之風不立今後有此者罷之萬曆末謝肇淛言上之防士如防寇虜而旁觀之伺主司如同寇盜宋元祐初御史中丞劉摯上言治天下者遇人以君子長者之道則下必有君子長者之行應乎上若以小人遇之彼將以小人自爲矣況以此行於學校之間乎誠能反今日之弊而以教化爲先賢才得而治具張不難致也

金史泰和元年省臣奏搜簡之法維嚴至於解髮袒衣索及耳鼻殊失待士之禮移剌履傳初舉進士惡搜簡煩瑣去之蓋世宗初年故大定二十九年已嘗依前故事使就沐浴官置衣爲之更之既可防濫且不虧禮從之

朱子論學校科舉之弊謂上以盜賊待士士亦以盜賊自

處鼓譟迫脅非盜賊而何嗟夫三代之制不可見矣漢唐之事豈難倣而行之者乎

恩科

宋時有所謂特奏名者開寶三年三月庚戌詔禮部閲進士及十五舉嘗終塲者得司馬浦等一百六人賜本科出身特奏名恩例自此始謂之恩科咸平三年遂至九百餘人士人恃此因循不學故天聖之詔曰狃於寬恩遂隳素業苟簡成風甚可耻也而元祐初知貢舉蘇軾孔文仲言今特奏者已及四百五十人又許例外遞減一舉則當復增數百人此曹垂老别無所望布在州縣惟務黷貨以爲歸計前後恩科命官幾千人矣何有一人能自奮厲有聞

於時而殘民敗官者不可勝數以此知其無益有損議者不過謂宜廣恩澤不知吏部以有限之官待無窮之吏戶部以有限之財祿無用之人而所至州縣舉罹其害乃卽位之初有此過舉謂之恩澤非臣所識也當日之論如此金史章宗大定二十九年勅今後凡五次御簾進士可一試而不黜落止以文之高下定其次謂之恩榜語不云乎及其老也戒之在得故有杖鄉之制以尊高年致仕之節以養廉恥若以賓王謁帝之榮爲閔老酬勞之具恐所益於儒林者小而所傷於風俗者多養陋識於泥塗快羶情於升斗豈有趙孟之禮絳人穆公之思黃髮足以裨君德而持國是者乎況五十不從力政六十不與服戎豈可使斷斷於閭里之旁攘攘於橋門之下宜著爲令元史至正三年

三月監察御史成遵等請用終場下第舉人充學正山長化中式舉人年至六十者賜第罷歸居家授徒不中式者不許再上不但減百千黷貨之人亦可以勸二三有恥之士孝宗淳熙七年五月庚辰詔特奏名年六十人毋注縣尉

漢獻帝初平四年詔曰今耆儒年踰六十去離本土營求糧資不得專業結童入學皓首空歸長委農野永絶榮望朕甚愍焉其依科罷者聽爲太子舍人唐昭宗天復元年赦文令中書門下選擇新及第進士中有久在名場才沾科級年齒已高者不拘常例各授一官於是禮部侍郎杜德祥奏揀到新及第進士陳光問年六十九曹松年五十四王希羽年七十三劉象年七十柯崇年六十四鄭希顔

年五十九詔光閤松希羽可秘書省正字象崇希顏可太子較書此皆前代季朝之政當喪亂之後以此慰寒畯而收物情非平世之典也

實錄宣德二年六月己卯行在禮部尚書胡濙奏北京國子監生及見撥各衙門歷事者請令六部尚書都察院都御史通政使司大理寺翰林院各堂上官六科給事中公同監官揀選凡年五十五以上及殘疾貌陋不堪者皆罷爲民上從之凡斥去一千九十五人其南京國子監生亦准此例次年即奉旨澄汰天下生員別見後廣額條下三年四月丙辰行在吏部尚書蹇義奏揀擇吏員年五十以上及人物鄙猥不諳文移者皆罷爲民四年九月甲寅　南北兩京國子監生年

五十五以上及殘疾者二百五十三人還鄉為民九年九
月戊寅行在禮部奏取天下生員年四十五以上者考試
其中者入國子監讀書不中者罷歸為民宣廟精勤吏治
一時澄清之效如此後人不知即知之亦不肯言矣

年齒

記言四十曰彊而仕七十曰老而傳是人生服官之日不
過三十年漢順帝陽嘉元年用左雄之言令孝廉年不滿
四十不得察舉皆先詣公府諸生試家法（儒有一家之學故稱家法）文
吏課牋奏宋文帝元嘉中限年三十而仕梁武帝天監四
年令九流常選年未三十不通一 不得解褐今則突而
弁兮已廁銀黃之列死期將至尚留金紫之班何補官常

徒隨士習宜定爲中制二十方許應試三十方許服官年至六十見任官聽其自請致仕實録洪武十三年二月戊辰命文武官年六十以上者皆聽致仕給以誥勅無官之人一切勒停是雖發於古記之十年要亦不過三十年而已三十年之中復有三年大憂及期喪不得選補之日則其人在仕路之日少而居林下之日多可以消名利之心而息營競之俗

洪熙元年四月庚戌鄭府審理正俞廷輔言近年賓興之士率記誦虛文求其實才十無二三或有年纔二十者未嘗學問一旦掛名科目而使之臨政治民職事廢隳民受其弊自今各處鄉試宜令有司先行審訪務得博古通今行止端重年過二十五者許令入試上雖嘉納而未果行

今則積習相沿二三百載青雲之路跬步可階五尺之童
便思奔競欲以成人材而厚風俗難矣宋李伯玉請罷童子科意亦同此

座主門生

貢舉之士以有司爲座主而自稱門生自中唐以後遂有
朋黨之禍座主字見令狐峘傳　張籍寄蘇州白使君詩登第年同座主　楊嗣復傳嗣復貢舉時父於陵自雒入朝乃率門生出迎置酒第中於陵坐堂上嗣復與諸生坐兩序始於陵在考功擢浙東觀察使李師稷及第時亦在焉人謂楊氏上下門生會昌三年十二月二十二日中書覆奏
奉宣旨不欲令及第進士呼有司爲座主兼題名局席等
條疏進來者伏以國家設文學之科求眞正之士所宜行
崇風俗義本君親然後升於朝廷必爲國器豈可懷賞拔
之私惠忘教化之根源自謂門生遂成朋比所以時風浸

壞臣節何施樹黨背公靡不由此按韓文公送牛堪序吾未嘗聞有登第於有司而進謝其門者則元和長慶之間士風猶不至此臣等議今日以後進士及第任一度參見有司向後不得聚集參謁於有司宅置宴其曲江大會朝官及題名局席並望勒停新唐書初舉人既及第綴行通名詣主司第謝其制序立西階下北上東向主人席東階下西向諸生拜主司答拜乃敘齒謝恩遂升階與公卿觀者皆坐酒數行乃赴期集又有曲江會題名席李肇國史補既捷列名於慈恩寺塔謂之題名大燕于曲江亭子謂之曲江會

奉勅宜依

後唐長興元年六月中書門下奏時論以貢舉官為恩門及以登第為門生門生者門弟子也顏閔游夏等並受仲尼之訓即是師門大朝所命春官不曾教誨舉子是國家貢士非宗伯門徒今後及第人不得呼春官為恩門師門

及自稱門生宋太祖建隆三年九月丙辰詔及第舉人不得拜知舉官子弟及自爲恩門師門并自稱門生劉克莊跋陸放翁帖云余大父著作爲京教考浙漕試明年考省試呂成公卷子皆出本房家藏大父與成公往還真蹟大父則云上覆伯恭兄成公則云拜覆著作丈時猶未呼座主作先生也尋其言蓋宋末已有先生之稱而至於有明則遂公然謂之座師謂之門生乃其朋黨之禍亦不減於唐時矣王元美觚不觚錄謂嘉靖以前門生稱座主不過曰先生而已至分宜當國始稱老師其厚者稱夫子此後門生俱曰老師五襍俎言國朝惟霍文敏韜不拜主司亦不受人作門生

唐時風俗之敝楊復恭至謂昭宗爲門生天子

唐崔祐甫議以爲自漢徐孺子於故舉主之喪徒步千里

而行一祭厚則厚矣其於傳繼非可也歷代莫之非也後漢書樊儵傳言郡國舉孝廉率取年少能報恩者當時即有此說近日張荊州九齡又刻石而美之於是後來之受舉爲參佐者報恩之分往往過當或撓我王憲捨其親戚之罪負舉其不令子孫以竊名位背公死黨茲或近之時論從而與之通人又不救遂往而不返宋陳瑩中言使王氏之門有負恩之士則漢之宗社不至於此其言可感夫參佐之於舉主猶蒙顧盼之恩被語言之奬陶鎔成就或資其力昔人且有黨比之譏若科場取士秖憑所試之文未識其名何有師生之分至於市權撓法取賄酬恩枝蔓糾連根柢磐互官方爲之雜亂士習爲之頹靡其與漢人篤交念故之誼抑何遠哉

風俗通記弘農太守吳匡爲司空黄瓊所舉班詔勸耕道於澠池聞瓊薨即發喪制服上病載輦車還府論之曰剖符守境勸民耕桑肆省冤疑和解仇怨國之大事所當勤恤而猥顧私恩傲狠自遂若宮車晏駕何以過茲論者不察而歸之厚司空袁周陽舉荀慈明有道太尉鄧伯條舉訾孟直方正二公薨皆制齊衰漢書荀爽傳司空袁逢舉有道不應及逢卒爽制服三年當世往〻化以爲俗卲寶議之曰師喪以心而舉主服三年可乎若此類者非一然荀訾通儒於義延責魏景元元年傳玄舉將僕射陳公薨以諮時賢光祿鄭小同云宜準禮而以情義斷之服弔服加麻可也三月除之宋庾蔚之以此論為允或舉者名位斥落子孫無繼多不親至然則隆情縣于顯閥薄報在于私門此又私恩之一變古今同慨者矣

後漢書周景爲河内太守好賢愛士每至歲時延請舉吏入上後堂與共宴會如此數四乃遣之贈送什物無不充備既而選其父兄子弟事相優異魏志衛臻傳夏侯惇為陳留太守舉臻計吏命婦出宴臻以為末世之俗非禮之正先是司徒韓演在河南志在無私舉吏當行一辭而已恩亦不及其家曰我舉若可矣豈可令偏積一門是二公者在人情雖有厚薄之殊而意趣則有公私之别矣

記言趙文子所舉於晉國管庫之士七十有餘家生不交利死不屬其子焉嗚呼吾見今之舉士者交利而已屬子而已

舉主制服

襍記曰孔子曰管仲遇盜取二人焉上以爲公臣曰其所與游辟也可人也管仲死桓公使爲之服官於大夫者之爲之服也自管仲始也有君命焉爾也此雖前仕管氏亦以舉主而服之然孔子以爲有君命則可蓋亦有所不盡然之辭

同年

今人以同舉爲同年 唐憲宗問李絳曰人於同年固有情乎對曰同年乃九州四海之人偶同科第或登科然後相識情於何有然穆宗欲誅皇甫鎛而宰相令狐楚蕭俛以同年進士保護之矣按漢人已有之後漢書李固傳云有同歲生得罪於冀風俗通云南陽五世公爲廣漢太守與

司徒長史段遼叔同歲又云與東萊太守蔡伯起同歲又云蕭令吳斌與司徒韓演同歲三國志魏武帝記云公與韓遂父同歲孝廉（魏武故事載公令曰顧視同歲中年有五十未名為老）漢敦煌長史武班碑云金鄉長河間高陽史恢等追惟昔日同歲郎署孝廉柳敏碑云縣長同歲犍為屬國趙臺公晉書陶侃傳侃與陳敏同郡又同歲舉吏其云同歲蓋即今之同年也（惟吳志周瑜傳言堅子策與瑜同年步騭傳言與廣陵衛旌同年此當是年齒之年）私恩結而公義衰非一世之故矣

先輩

先輩乃同試而先得第者之稱程氏演繁露曰通典魏文帝黃初五年立太學於雒陽時慕學者始詣太學為門人

滿二歲試通一經者稱弟子不通一經者罷遣弟子滿二歲試通二經者補文學掌故不通者聽隨後輩試〻通二經亦得補掌故滿二歲試通三經者擢高第為太子舍人不第者隨後輩復試〻通亦為太子舍人舍人滿二歲試通四經者擢高第為郎中不通者隨後輩復試試通亦為郎中郎中滿二歲能通五經者擢高第隨才敘用不通者隨後輩復試試通亦敘用故唐世舉人呼已第者為先輩繇此也韋莊集有題云癸丑年下第獻新先輩北夢瑣言王凝知貢舉謂人曰某叨忝文柄今年榜帖全為司空先輩一人而已今考吳志闞澤傳言州里先輩丹陽唐固脩身積學薛綜傳言零陵賴恭先輩仁謹不曉時事晉書羅憲傳侍宴華林園詔問蜀大臣子弟復問先輩宜時敘用者

蹇薦蜀人常忌杜軫等是先輩之稱果起於三國之時而唐李肇國史補謂互相推敬謂之先輩此又後人之濫矣

演繁露又謂唐人已第者其自目日前進士亦倣此也猶漢曰早第進士而其輩行在先也澠水燕談錄蘇德祥漢相禹珪之子建隆四年進士第一人登第初還鄉里太守置宴作樂伶人致語曰昔年隨侍嘗為宰相郎君今日登科又是狀元先輩

鄭氏詩表薇箋曰今薇生矣先輩可以行也是亦漢末人語

教官

漢成帝陽朔二年詔曰古之立太學將以傳先王之業流化於天下也儒林之官四海淵原宜皆明於古今溫故知新通達國體故謂之博士否則學者無述焉為下所輕非

所以尊道德也丞相御史其與中二千石二千石雜舉可充博士位者使卓然可觀

元仁宗時方以科舉取士虞集上議曰師道立則善人多（周子通書）今天下學官猥以資格授彊加之諸生之上而名之曰師有司弗信也生徒弗信也如此而望師道之立能乎今莫若使守令求經明行修爲成德之君子者身師尊之以教於其郡邑其次則求夫操履近正而不爲詭異駭俗者確守先儒經義師説而不敢妄爲奇論者衆所敬服而非鄉愿之徒者其次則取鄉貢至京師罷歸者當今之世欲求成德之人如上一言者或不可遽得若其次之二言則十室之邑必有忠信亦未至之才也而徒用其又次之

一言則亦不過以資格授之而耄鄙之夫遂以學官為餬口之地教訓之言名存而實廢矣

國初教職多録儒士薦舉景泰二年始准會試不中式舉人考授

天順三年十二月庚申建安縣老人賀煬言朝廷建學立師將以陶鎔士類奈何郡邑學校師儒之官真材實學者百無二三虛糜廩祿猥瑣貪饕需求百計而受業解惑莫措一辭師範如此雖有英才美質何由而成至於生徒之中亦往往玩愒歲年挑達城闕待次循資濫升監學侵尋老耄授以一官但知為身家之謀豈復有功名之念是則朝廷始也聚群鶵而飲啖終也縱羣狼以牧人苟不嚴行考

選則人材日陋士習日下矣上是其言命巡按御史同布按二司分巡官照提調學校例考之

太倉陸世儀言今世天子以師傅之官為虛銜而不知執經問道郡縣以簿書期會為能事而不知尊賢敬老學校之師以庸鄙充數而不知教養之法黨塾之師以時文章句為教而不知聖賢之道儇捷者謂之才能方正者謂之迂樸蓋師道至於今而賤極矣即欲束脩自厲人誰與之如此而欲望人才之多天下之治不可得矣又言凡官皆當有品級惟教官不當有品級亦不得謂之官蓋教官者師也師在天下則尊於天下在一國則尊於一國在一鄉則尊於一鄉無常職亦無定品惟德是視若使之有品級

則僕僕亟拜非尊師之禮矣至其冠服亦不可同於職官當別製為古冠服如深衣幅巾及忠靖巾之類仍以鄉國天下為等庶師道日尊儒風日振而聖人之徒出矣按宋史黄祖舜言抱道懷德之士多不應科目老於韋布乞詔其學行修明孝友純篤者縣薦之州州延之庠序以表率多士其卓行尤異者州以名聞是亦鄉舉里選之意（松江府志言洪武初楊孟載為松江府學教授與立克莊全希賢同官當時分教有司得自延聘皆極州里之選後並至大官）而朱子亦云須是罷堂除及注授教官請本州鄉先生為之年未四十不得任教官昔人之論即已及此

盂縣志曰（縣人張淑譽撰）高皇帝定天下詔府衛州縣各立學置師一人或二人必擇經明行修者署之有能舉其職而最

書於朝者或擢為國子祭酒及翰林侍從之職英宗以後始著爲令府五人州四人縣三人例録天下歲貢之士爲之閒有録擧人進士除授者而其至也州縣長官及監司之臨者率以簿書升斗之吏視之而不復崇以體貌是以其望易狎而其氣易衰即有一二能誦法孔子以師道聞而得薦擢者亦不過授以州縣之吏而止其取之也太濫其待之也太卑而其録之也太輕無怪乎教術之不興而人才之難就矣

士風之薄始於納卷就試師道之亡始於赴部候選梁武帝所謂驅迫廉撝奬成澆競者也有天下者能反此二事斯可以養士而興賢矣

武學

山堂考索言武學置於慶曆三年阮逸爲武學論未幾省去熙寧復置選知兵書者判武學置直講如國子監靖康之變不聞武學有禦侮者國朝正統六年五月從成國公朱勇等奏以兩京多勳衛子弟乃立武學設教授訓導如京府儒學之制（景泰五年正月丙寅南京守備寧遠侯任禮請革武學不允　景泰間廢武學天順八年十一月丙辰復設京衛武學）已而武生漸多常至欺公撓法正德中錢寧已嗾武學生朱大周上疏劾楊一清矣崇禎四年南京武學生吳國麟等毆御史郭維經掌都察院張延登奏黜是則不惟不收其用而反貽之害矣

太祖實録洪武二十年七月禮部請如前代故事立武學

用武舉仍祀太公建昭烈武成王廟上曰太公周之臣若以王祀之則與周天子並矣加之非號必不享也至於建武學用武舉是分文武爲二塗輕天下無全才矣古之學者文武兼備故措之於用無所不宜豈謂文武異科各求專習者乎太公但從祀帝王廟去武成王號罷其舊廟於是勳戚子孫襲爵者習禮肄業於國子監被選尚主者用儀制主事一人教習（實録洪武三十一年二月庚辰命吏部設學於虎踞關選儒士十人教故武臣子弟之養於錦衣衞者）（成化中太監汪直請武舉設科鄉試會試殿試悉如進士恩例不果行）遂文事武備總歸於一嗚呼純矣

宋劉敞與吳九書曰昔三代之王建辟雍成均以敦教化者危冠縫掖之人居則有序其術詩書禮樂其志文行忠

信是以無鄙倍之色鬬爭之聲猶懼其未也故賊詐謀爵人以德褒人以義軌度其信壹以待人故曰勇則害上不登於明堂民知所底而無貳心是以其教不肅而成其政不嚴而治未聞夫武學之科也夫縵胡之纓短後之衣瞋目而語難挍劍而疾蹠者此所謂勇力之人也將教之以術而動之以利其可得不爲其容乎爲其容可得無變其俗乎而況建博士之職廣弟子之員吾恐雖有智者未能善其後矣夫戰國之時天下競於馳騖於是乎有縱橫之師技擊之學以相殘也雖私議巷說有司不及然風俗猶以是薄禍亂猶以是長學者之所甚疾仁人之所憂而辯也君之何其效之且足下願其議而不能救與吾所甚惑也

因勳衛子弟不得已而立武學仍以　孔子爲先師如前代國學祀周公唐開元改爲孔子周公尚不祀於學而況太公乎成化五年掌武學國子監：丞閻禹錫言古者廟必有學功成獻馘於中欲其先禮義而後勇力也今本學見有空堂數椽乞敕所司改爲文廟可謂得禮之意

雜流

唐時凡九流百家之士竝附諸國學而授以之經六典國子祭酒司業之職掌邦國儒學訓導之政令有六學焉一曰國子二曰太學三曰四門四曰律學五曰書學六曰算學天寶九載置廣文館凡七學　歐陽詹貞元十四年記曰我國家春享先師後更日命太學博士清河張公講禮記束脩既行筵

肆乃設公就几北坐南面直講抗牘南坐北面大司成端委居于東小司成率屬列于西國子師長序公侯子孫自其館太學長序卿大夫子孫自其館四門師長序八方俊造自其館廣文師長序天下秀彥自其館其餘法家墨家書家算家術業以明 亦自其館没階雲来即席鱗差櫕弁如星連襟成帷觀此可見當日養士之制寬而教士之權一是以人才盛而藝術修經學廣而師儒重今則一切擯諸橋門之外而其人亦自棄不復名其業於是道罷兩亡而行能兼廢世教之日衰有繇然矣

通經爲吏

漢武帝從公孫弘之議下至郡太守卒史皆用通一藝以

上者唐高宗總章初詔諸司令史考滿者限試一經昔王粲作儒吏論以爲先王博陳其教輔和民性使刀筆之吏皆服雅訓竹帛之儒亦通文法故漢文翁爲蜀郡守選郡縣小吏開敏有才者張叔等十餘人親自餝厲遣詣京師受業博士後漢欒巴爲桂陽太守雖幹吏卑末皆課令習讀程試殿最隨能升授吳顧卲爲豫章太守小吏資質佳者輒令就學擇其先進擢置右職而梁任昉有厲吏人講學詩然則昔之爲吏者皆曾執經問業之徒心術正而名節修其舞文以害政者寡矣宋文恪訥言天下未有舍儒而可以爲吏者

東京之盛自期門羽林之士悉令通孝經章句貞觀之時自屯營飛騎亦給博士使授以經有能通經者聽得貢舉

小人學道則易使也豈不然乎

周官太宰乃施典於邦國而陳其殷置其輔後鄭氏曰殷衆也謂衆士也輔府史庶人在官者夫庶人在官而名之曰輔先王不敢以厮役遇其人也重其人則人知自重矣

歐陽公集古錄晉南鄉太守碑陰官屬何其多邪蓋通從史而盡列之當時猶於其間取士人故吏亦清修其勢然爾

元史順帝紀至正六年四月命左右二司六部吏屬於午後講習經史其時朝綱已弛人心將變雖有此令而實無其益是以太祖實録言科舉初設上重其事凡民間俊秀子弟皆得預選惟吏胥心術已壞不應許試洪武四年七月丁卯又

詔凡選舉毋錄吏卒之徒二十三年八月壬申英宗實錄大理寺少卿張固嘗建論吏員鮮有不急於利者不宜用為郡守朝廷是其言著為令然而嘗與群臣言元初有憲官疾吏往候之憲官起扶杖而行因以杖授吏吏拱手卻立不受憲官悟其意他日見吏謝之吏曰某為屬吏非公家僮不敢避勞慮傷禮體正統五年二月壬午是則此輩中未嘗無正直之人顧上所以陶鎔成就之者何如爾

陸子靜嘗言古者無流品之分而賢不肖之辨嚴後世有流品之分而賢不肖之辨略能於分別之中而寓作成之意庶乎其得之矣

大明會典洪武二十六年定凡舉人出身第一甲第一名從六品第二名第三名正七品賜進士及第二甲從七

品賜進士出身第三甲正八品賜同進士出身而一品衙門提控正七品出身二品衙門都吏從七品出身一品二品衙門掾吏典吏二品衙門令史正八品出身其與進士不甚相遠也後乃立格以限其所至而吏員之與科第高下天淵矣故國初之制謂之三途並用薦舉一途也天順二年十二月庚辰詔罷舉保經明行修及賢良方正以言者謂其奔競冗濫無裨實用也進士監生一途也吏員一途也或以科與貢爲二途非也從考試而得者總謂之一途

永樂七年車駕在北京命兵部尚書署吏部事方賓簡南京御史之才者召來賓奏御史張循理等二十八人可用上問其出身賓言循理等二十四人繇進士監生洪秉等四人繇吏上曰用人雖不專一途然御史國之司直必有

今日視臣人以如有安得以吏黜之毋哉今日之吏惟知簿文書法為己能經以今日之甲科庸史如古之吏者幾何人哉

學識達治體廉正不阿乃可任之若刀筆吏知利不知義知刻薄不知大體用之任風紀使人輕視朝廷遂黜東等為序班諭自今御史勿復用吏流品自此分矣

宣德三年三月丙戌勅諭吏部往時選用嚴慎吏員授官者少比年吏典考滿歲以千計不分賢否一概録用廉能幾何貪鄙塞路具可不精擇乎

蘇州况鍾松江黄子威二郡守並有賢名而徐晞萬祺皆累官至尚書

日知録卷之二十

祕書國史

漢時天子所藏之書皆令人臣得觀之故劉歆謂外則有太常太史博士之藏内則有延閣廣内祕室之府而司馬遷為太史令紬石室金匱之書劉向揚雄校書天禄閣揚雄答劉歆書自言為郎之歲詔賜筆墨錢六萬得觀書於石渠班斿進讀羣書上器其能賜以祕書之副東京則班固傅毅為蘭臺令史並典校書曹褒於東觀撰次禮事而安帝永初中詔謁者劉珍及博士議郎四府掾史五十餘人詣東觀校定五經諸子傳記竇章之被薦黄香之受詔亦得至焉竇章傳是時學者稱東觀為老氏藏室道家蓬萊山太僕鄧康遂薦章入東觀為校書郎黄香傳初除郎中肅宗詔香詣東觀讀所未嘗見書晉宋

以下此典不廢左思王儉張纘之流咸讀祕書載之史傳晉左思為三都賦自以所見不博求為祕書郎中南齊王儉遷祕書丞依七略撰七志四十卷永明三年於儉宅開學士館悉以四部書充儉家梁張纘為祕書郎祕書郎有四員宋齊以來為甲族起家之選待次入補其居職例數十百日便遷纘固求不徙欲徧覌閣內圖籍而柳世隆至借給二千卷南齊柳世隆性愛涉獵啓太祖借祕閣書上給二千卷唐則魏徵虞世南岑文本褚遂良顏師古皆為祕書監選五品以上子孫工書者手書繕寫藏於內庫而玄宗命弘文館學士元行沖通撰古今書目名為群書四錄以陽城之好學至求為集賢院吏乃得讀之陽城好學貧不能得書求為吏建隸集賢院竊院中書讀之六年無所不通竇威為祕書郎秩滿當遷固守不調十餘歲其學業益廣段成式為祕書校書郎祕閣書籍披閱皆徧宋有史館昭文館集賢院謂之三館太宗別建崇文院中為祕閣藏三館真本

書籍萬餘卷置直閣校理仁宗復命繕寫校勘以參知政事一人領之書成藏於太清樓而范仲淹等嘗為提舉且求書之詔無代不下故民間之書得上之天子而天子之書亦往往傳之士大夫自洪武平元所收多南宋以來舊本藏之秘府垂三百年無人得見而昔時取士一史三史之科又皆停廢天下之士於是乎不知古司馬遷之史記班固之漢書干寶之晉書柳芳之唐曆吴兢之唐春秋李燾之宋長編並以當時流布至於會要日曆之類南渡以來士大夫家亦多有之未嘗禁止今則實録之進焚草於太液池藏真於皇史宬在朝之臣非預纂修皆不得見而野史家傳遂得以孤行於世天下之士於是乎不知今是

雖以夫子之聖起於今世學夏殷禮而無從學周禮而又無從也况其下焉者乎豈非密於禁史而疏於作人工於藏書而拙於敷教者邪遂使帷囊同毁空閧一畧之名家壁皆殘不覩六經之字嗚呼悕矣

十三經註疏

自漢以來儒者相傳但言五經而唐時立之學官則云九經者三禮三傳分而習之故爲九也其刻石國子學則云九經并孝經論語爾雅宋時程朱諸大儒出始取禮記中之大學中庸及進孟子以配論語謂之四書本朝因之而十三經之名始立其先儒釋經之書或曰傳或曰箋或曰解或曰學今通謂之註書則孔安國傳詩則毛萇傳鄭玄

箋周禮儀禮々記則鄭玄註公羊則何休學孟子則趙岐註皆漢人易則王弼註魏人繫辭韓康伯註晉人論語則何晏集解魏人左氏則杜預註爾雅則郭璞註穀梁則范甯集解皆晉人孝經則唐明皇御註其後儒辯釋之名書曰正義今通謂之疏

舊唐書儒學傳太宗以經籍去聖久遠文字多訛謬詔前中書侍郎顏師古考定五經頒於天下又以儒學多門章句繁雜詔國子祭酒孔穎達與諸儒撰定五經義疏凡一百七十卷名曰五經正義令天下傳習高宗紀永徽四年三月壬子朔頒孔穎達五經正義於天下每年明經令依此考試時但有易書詩禮記左氏春秋五經永徽中賈公

彥始撰周禮儀禮義疏　宋史李至傳判國子監上言五經書既已板行惟二傳二禮孝經論語爾雅七經疏未修望令直講崔頤正孫奭崔偓佺等重加讐校以備刊刻從之今所行者穀梁唐士勛疏孝經論語爾雅宋邢昺疏孟子孫奭疏惟公羊疏不著人名或云唐徐彥撰　今人但知五經正義爲孔穎達作不知非一人之書也新唐書穎達本傳云　初穎達與顏師古司馬才章王恭王琰受詔撰五經義訓百餘篇其中不能無謬冗博士馬嘉運駁正其失詔更令裁定未就永徽二年詔中書門下與國子三館博士弘文館學士考正之於是尚書左僕射于志寧右僕射張行成侍中高季輔就加增損書始布下

監本二十一史

廿一史萬曆間刻補不一惟二十三年係本局刊本全部一式字體方正行款清楚惟版多損

宋時止有十七史今則并宋遼金元四史爲二十一史但遼金　二史向無刻本南北齊梁陳周書人間傳者亦罕故前人引書多用南北史及通鑑而不及諸書亦不復采遼金者以行世之本少也嘉靖初南京國子監祭酒張邦奇等請校刻史書欲差官購索民間古本部議恐滋煩擾上命將監中十七史舊板考對修補仍取廣東宋史板付監遼金二史無板者購求善本翻刻十一年七月成祭酒林文俊等表進至萬曆中北監又刻十三經二十一史其板視南稍工而士大夫遂家有其書歷代之事迹粲然於人間矣然校勘不精訛舛彌甚且有不知而妄改者偶舉一二如魏書崔孝芬傳李彪謂崔挺曰比見賢子謁帝旨

諭殊優今當為群拜紀此三國志陳羣傳中事陳羣字長文紀之子時魯國孔融高才倨傲年在紀羣之間先與紀友後與羣交更為紀拜古人用此事者非一北史陸卬傳邢卲與卬父子彰交又見卬機悟博學乃謂子彰曰以卿老蚌遂出明珠意欲為羣拜紀非寫隱僻今所刻北史改云今當為絕羣耳不知紀羣之為名而改紀為絕又倒其文此已可笑南北校同又如晉書華譚傳末云始淮南袁甫字公胄亦好學與譚齊名今本誤於始字絕句自左方跳行添列一袁甫名題而再以淮字起行南北校同齊王冏傳末云鄭方者字子同此姓鄭名方即上文所云南陽處士鄭方露版極諫而別敘其人與書及冏答書於後耳今乃跳行添列一鄭方者三字名題北校無者字唐書李敬玄傳末附敬玄弟元素今以敬玄屬上文而弟元素跳行此不

適足以彰太學之無人而貽後人之姍笑乎惟馮夢禎為南祭酒手較
三國志猶不免誤終勝他本十三經中儀禮脫誤尤多士昏禮脫壻授
綏姆辭曰未教不足為禮也一節十四字賴有長安石經據以補此一
節而其註疏遂亡鄉射禮脫士鹿中翿旌以獲七字士虞禮脫哭
止告事畢賓出七字特牲饋食禮脫舉觶者祭卒禮拜
長者答拜十一字少牢饋食禮脫以授尸坐取簞興七字
此則秦火之所未亡而亡於監刻矣至於歷官任滿必刻
一書以充餽遺此亦甚雅而鹵莽就工殊不堪讀陸文裕
深金臺紀聞曰元時州縣皆有學田所入謂之學租以供
師生廩餼餘則刻書工大者合數處為之故讎校刻畫頗
有精者洪武初悉收上國學今南監十七史諸書地里歲

月勘較工役竝存可識也今學既無田不復刻書而有司間或刻之然祇以供餽贐之用其不工反出坊本下工者不數見也昔時入覲之官其餽遺一書一帕而已謂之書帕自萬曆以後改用白金聞之宋元刻書皆在書院山長主之通儒訂之主書院者謂之山長宋史理宗紀何基婺州教授兼麗澤書院山長余幾建寧府教授兼建安書院山長學者則互相易而傳布之故書院之刻有三善焉山長無事而勤於校讎一也不惜費而工精二也板不貯官而易印行三也有右文之主出焉其復此非難也而書之已為劣生刊改者不可得而正矣是故信而好古則舊本不可無存多聞闕疑則群書亦當竝訂此非後之君子之責而誰任哉

舊唐書病其事之闕遺新唐書病其文之晦澁當兼二書

刻之爲二十二史如宋魏諸國既各有書而復有南史北史是其例也

張參五經文字

唐人以說文字林試士其時去古未遠開元以前未改經文之日唐書經籍志天寶三載詔集賢學士衛包改古文尚書從今文篆籀之學童而習之今西安府所存唐睿宗書景龍觀鐘猶帶篆文遺法至於宋人其去古益遠而爲說日以鑿矣大曆中張參作五經文字據說文字林刊正謬失甚有功於學者開成中唐玄度增補復作九經字樣石刻在關中今西安府學向無校本間有殘缺無別本可證近代有好事者刻九經補字幷屬諸生補此書之闕以意爲之乃不知此書特五經之文非

經所有者不載而妄添經外之字并及字書中汎博之訓予至関中洗刷元石其有一二可識者顯與所補不同乃知近日學者之不肯闕疑而妄作如此

山東人刻金石録於李易安後序紹興二年玄黓歲壯月朔不知壯月之出於爾雅八月為壯而改為牡丹凡萬曆以來所刻之書多牡丹之類也

別字

後漢書儒林傳讖書非聖人所作其中多近鄙別字近鄙者猶今俗用之字別字者本當為此字而誤為彼字也今人謂之白字乃別音之轉

三朝要典

張司徒公言於上云頃
忠心永存與此可幸
之章正謂君子為
而見君子小人相可徹小
人也

宋史蹇序辰傳紹聖中爲起居郎中書舍人同修國史疏言前日朝廷正司馬光等奸惡明其罪罰以告中外惟變亂典刑改廢法度訕讟宗廟睥睨兩宮觀事考言實狀彰著然蹤迹深秘包藏禍心相去八年之間蓋已不可究質其章疏案牘散在有司若不彙輯而存之歲久必至淪失願悉討奸人所言所行選編類人爲一帙置之二府以示示天下後世大戒遂命序辰及徐鐸編類錄是搢紳之禍無一得免者天啓中纂輯三朝要典正用序辰之法門户之人其立言之指各有所借章奏之文互有是非作史者兩收而並存之則後之君子如執鏡以炤物無所逃其形矣褊心之輩謬加筆削於此之黨則存其是者去其

非者於彼之黨則存其非者去其是者於是言者之情隱而單辭得以勝之且如要典一書其言未必盡非而其意別有所爲繼此之爲書者猶是也此國論之所以未平而百世之下難乎其信史也先帝批講官李明睿之疏曰纂修實録之法惟在據事直書則是非互見大哉王言其萬世作史之準繩乎

密疏

唐武宗會昌元年十二月中書門下奏宰臣及公卿論事行與不行須有明據或奏請允愜必見褒稱或所論乖僻因有懲責在藩鎮上表必有批答居要官啓事自有記注並須昭然在人耳目或取捨存於堂案或與奪形於詔勅

前代史書所載奏議罔不纂此近見實録多載案疏言不彰於朝聽事不顯於當時得自其家未足為信今後實録所載章奏並存朝廷共知者方得紀述案疏並請不載如此則理必可法人皆向公愛憎之志不行褒貶之言必信從之此雖出於李德裕之私心然其言不為無理自萬曆末年章疏一切留中抄傳但憑閣揭天啟以來謄愿弘多嘖言彌甚予嘗親見大臣之子追改其父之疏草而刻之以欺人者欲使蓋棺之後重為奮筆之文逭遺議於後人侈先見於前事其為誣罔甚於唐時故志之於書俾作史之君子詳察而嚴斥之也

貼黄

章奏之冗濫至萬曆天啟之閒而極至一疏而薦數十人累二三千言不止皆枝蔓之辭先帝英年御宇厲精圖治省覽之勤批荅之速近朝未有乃數月之後頗亦厭之崇禎元年三月命內閣為貼黄之式即令本官自撮疏中大要不過百字黏附牘尾以便省覽此貼黄之所繇起也

宋葉夢得石林燕語曰唐制降敕有所更改以紙貼之謂之貼黄蓋敕書用黄紙則貼者亦黄紙也今奏狀劄子皆白紙有意所未盡揭其要處以黄紙別書於後乃謂之貼黄蓋失之矣其表章略舉事目與日月道里見於前及封皮者又謂之引黄

記注

古之人君左史記事右史記言所以防過失而示後王記注之職其來尚矣唐太宗通曉古典尤重其事蘇冕言貞觀中每日朝退後太宗與宰臣參議政事即令起居郎一人執簡記録繇是貞觀注記政事稱為畢備及高宗朝會端拱無言有司惟奏辭見二字其後許敬宗李義府用權多妄論奏恐史官直書其短遂奏令隨仗便出不得備聞機務因為故事

舊唐書姚璹傳長壽二年遷文昌左丞同鳳閣鸞臺平章事自永徽以後左右史惟得對仗承旨仗下後謀議皆不預聞璹以為帝王謨訓不可遂無紀述若不宣自宰相史官無從得書乃表請仗下所言軍國政事宰相一人專知

撰録號為時政記每月封送史館宰相之撰時政記自璹始也

四書五經大全

自朱子作大學中庸章句或問論語孟子集註之後黄氏幹字直卿號勉齋先生有論語通釋而采語録附於朱子章句之下則始自真氏德秀字希元號西山先生名曰集義止大學一書祝氏洙字宗道乃倣而足之為四書附録後有蔡氏模字仲覺號覺軒先生四書集疏趙氏順孫號格庵先生四書纂疏吴氏真子號克齋先生四書集成昔之論者病其泛濫於是陳氏櫟字壽翁號定宇先生作四書發明胡氏炳文字仲虎號雲峯先生作四書通而定宇之門人倪氏士毅字仲弘號道川先生合二書為一頗有刪正名曰四書輯釋有汪克寬序至正丙戌

自永樂中命儒臣纂修四書大全頒之學官而諸書皆廢倪氏輯釋今見於劉用章刻所刻四書通義中永樂中所纂四書大全特小有增刪其詳其簡或多不如倪氏大學中庸或問則全不異而間有舛誤大學格致章或問是亦不待七十子喪而大義已乖矣輯釋引漢書劉歆移太常書有曰及夫子歿而微言絕七十子終而大義乖又孔子家語後序中亦有此二句大全則去其所引劉歆書但云出家語後序則失其本矣中庸九經章或問引賈捐之對元帝語輯釋引漢書本傳文曰夫後宮盛飾則賢者隱微佞臣用事則諍臣杜口而文帝不行此捐之之言謂文帝不聽後宮卑臣之請爾大全則改云元帝不行不知古書又不辭語氣既至春秋大全則全襲元人汪克寬胡傳纂疏字德輔隱居不仕以十年之功為此書但改其中愚按二字謂汪氏曰及添廬陵李氏等一二條而已詩經大全則全襲元人劉瑾詩傳通釋此書與胡傳纂疏予今並有之而改其中愚按二字為

安成劉氏曰其三經後人皆不見舊書亦未必不因前人也。當日儒臣奉旨修四書五經大全頒餐錢給筆札書成之日賜金遷秩所費於國家者不知凡幾將謂此書既成可以章一代教學之功啟百世儒林之緒而僅取已成之書抄謄一過上欺朝廷下誑士子唐宋之時有是事乎豈非骨鯁之臣已空於建文之代而制義初行一時人士盡棄宋元以來所傳之實學上下相蒙以饕祿利而莫之問也嗚呼經學之廢實自此始後之君子欲掃而更之亦難乎其爲力矣

書傳會選

洪武二十七年四月丙戌詔徵儒臣定正宋儒蔡氏書傳

遺恨千秋

天行健一日一夜一周而過一度 左旋

日月五星亦一日一夜左旋一周較之天行

少一度觀此退行一度矣月亦

左旋而不及日十二度有奇以人

目視之遂疑為右旋[illegible]

人[illegible]嘗指一星在月之東[illegible]

[illegible]

上以蔡氏書傳日月五星運行與朱子詩傳不同及其他註說與番陽鄒季友所論間亦有未安者遂詔徵天下儒臣定正之命翰林院學士劉三吾等總其事凡蔡氏傳得者存之失者正之又采諸家之說足其未備九月癸丑書成賜名書傳會選命禮部頒行天下今按此書若堯典謂天左旋日月五星違天而右轉陳氏祥道高宗肜日謂祖庚繹于高宗之廟金氏履祥西伯戡黎謂是武王金氏洛誥惟周公誕保文武受命惟七年謂周公輔成王之七年張氏陳氏櫟皆不易之論又如禹貢厥賦貞主蘇氏載謂賦與田正相當涇屬渭汭主孔傳水北曰汭太甲自周有終主金氏謂周當作君多方不克開于民之麗主葉氏陳氏櫟謂古者治獄以附罪為麗皆可從然所采既博亦或失當如金縢周公居東謂孔氏以為東征非是至洛誥又取東征之說自相牴牾每傳之下繫以經文及

傳音釋於字音字體字義辯之甚詳其傳中用古人姓字古書名目必具出處兼亦考證典故蓋宋元以来諸儒之規模猶在而其為此書者皆自幼為務本之學非鎖八股發身之人故所著之書雖不及先儒而尚有功於後學至永樂中修尚書大全不惟刪去異說并音釋亦不存矣愚嘗謂自宋之末造以至有明之初年經術人材於斯爲盛自八股行而古學棄大全出而經說亡十族誅而臣節變洪武永樂之間亦世道升降之一會矣

内典

古之聖人所以教人之説其行在孝弟忠信其職在洒掃應對進退其文在詩書禮易春秋其用之身在出處去就

交際其施之天下在政令教化刑罰雖其和順積中而英華發外記樂亦有體用之分然並無用心于内之說自老莊之學行于戰國之時而外義者告子也外天下外物外生者莊子也於是高明之士厭薄詩書以為此先王所以治天下之糟粕而佛氏晚入中國其所言清淨慈悲之說適有以動乎世人之慕嚮者六朝諸君子從而衍之繇清淨自在之說而極之以至于不生不死入於涅槃則楊氏之為我也繇慈悲利物之說而極之以至于普度衆生超拔苦海則墨氏之兼愛也天下之言不歸楊則歸墨而佛氏乃兼之矣後之學者遂謂其書為内典（内典字見册府元龜引唐會要開成二年二月王彥進准宣宗内典目録十二卷）推其立言之旨不將内釋而外吾

儒乎夫內釋而外吾儒此左道惑衆之徒先王之所必誅而不以聽者矣

黄氏日抄云論語曾子三省章集註載尹氏曰曾子守約故動必求諸身語意已足矣又載謝氏曰諸子之學皆出於聖人其後愈遠而愈失其真獨曾子之學專用心於內故傳之無弊夫心所以具衆理而應萬事正其心者正欲施之治國平天下孔門未有專用心於內之說也用心於內近世禪學之說耳象山陸氏因謂曾子之學是裏面出來其學不傳諸子是外面入去今傳於世者皆外入之學非孔子之眞自謂論語之外自謂得不傳之學凡皆源於謝氏之說也後有朱子當於集註中去此一條

古聖賢未嘗不言心但今人所言之心耳

褚少孫補滑稽傳以傳記襍說為外家是以六經為內也東漢儒者則以七緯為內學六經為外學後漢書方術傳自是習為內學註內學謂圖讖之書也其事秘密故稱內遂氏舉圖讖傳情通內外圖典魏志管寧傳張璠學兼內外之文一歸之性與天道不可得聞後漢書桓譚傳天道性命聖天所難言也自子貢以下不可得聞指謂讖記而今百世之下晚然皆悟其非今之所謂內學則又不在圖讖之書而移之釋氏矣

心學

黃氏日抄解尚書人心惟危道心惟微惟精惟一允執厥中一章曰此章本堯命舜之辭舜申之以命禹而加詳焉耳堯之命舜曰允執厥中今舜加危微精一之語於允執厥中之上所以使之審擇而能執中者也此訓之之辭也

之字乃共錯只在戒
謝之間所謂善以象
[illegible]屋譯以子聖存也此
心學之辯識者切于
儒理而不容不在
字字錯[illegible]性下

皆主於堯之執中一語而發也堯之命舜曰四海困窮天禄永終今舜加無稽之言勿聽以至敬修其可願於天禄永終之上又所以警切之使勿至於困窮而永終者也此戒之之辭也皆主於堯之永終二語而發也執中之訓正說也永終之戒反說也蓋舜以昔所得於堯之訓戒并其平日所嘗用力而自得之者盡以命禹使知所以執中而不至於永終耳豈爲言心設哉近世喜言心學舍全章本旨而獨論人心道心甚者單據道心二字而直謂即心是道蓋陷於禪學而不自知其去堯舜禹授受天下之本旨遠矣蔡九峯之作書傳述朱子之言曰古之聖人將以天下與人未嘗不以治之之法而并傳之可謂深得此章之

本旨九峯雖亦以是明帝王之心而心者治國平天下之本其說固理之正也其後進此書傳於朝者乃因以三聖傳心為說世之學者遂指此書十六字為傳心之要而禪學者借以為據依矣愚按心不待傳也流行天地間貫徹古今而無不同者理也理具於吾心而驗於事物心者所以統宗此理而別白其是非人之賢否事之得失天下之治亂皆於此乎判此聖人所以致察於危微精一之間而相傳以執中之道使無一事之不合於理而無有過不及之偏者也禪學原於莊列滑稽戲劇肆無忌憚之語懼理之形彼醜謬而凡聖賢經傳之言理者皆害已之具也故以理為障而獨指其心曰不立文字單傳心印此蓋不欲

言理為此遁辭付之不可究詰云爾聖賢之學自一心而達之天下國家之用無非至理之流行明白洞達人人所同歷千載而無間者何傳之云俗說浸淫雖賢者或不能不襲用其語故僭書其所見如此

中庸章句引程子之言曰此篇乃孔門傳授心法亦是借用釋氏之言。不無可酌。

論語一書言心者三曰七十而從心所欲不踰矩曰回也其心三月不違仁曰飽食終日無所用心乃操則存舍則亡之訓門人未之記而獨見於孟子夫未學聖人之操心而驟語夫從心此即所謂飽食終日無所用心而旦晝之所為有牿亡之者矣

而不違仁知曰心所仁仁

所以心之

唐仁卿名伯元，澄海人，萬曆甲戌進士，官吏部文選司郎中。答人書曰自新學興而名家著其冐焉以居之者不少然其言學也則心而已矣元聞古有學道不聞學心古有好學不聞好心心學二字六經孔孟所不道今之言學者蓋謂心即道也而元不解也何也危微之旨在也雖上聖而不敢言也今人多怪元言學而遺心孰若執事責以不學之易了而元亦可以無辭於執事子曰有能一日用其力於仁矣乎又曰一日克己復禮又曰終日乾乾行事也元未能也孔門諸子日月至焉夫子猶未許其好學而況乎日至未能也謂之不學可也但未知執事所謂學者果仁耶禮耶事耶抑心之謂耶外仁外禮外事以言心雖執事亦知其不可執事之

明徵之極此則古聖賢
[illegible]

意必謂仁與禮與事即心也用力於仁用力於心也復禮復心也行事行心也則元之不解猶昨也謂之不學可也又曰孳孳為善者心孳〻為利者亦未必非心危哉心乎判吉凶別人禽雖大聖猶必防乎其防而敢言心學乎心學者以心為學也以心為學是以心為性也心能具性而不能使心即性也是故求放心則是求心則非求心則非求於心則是我所病乎心學者為其求心也心果待求必非與我同類心果可學則以禮制心以仁存心之言毋乃為心障與衡齋曰從心不踰矩孔子至七十時方敢以此自信而今之學者未可與立而欲語從心率天下之人而禍仁義者必此言也

論〻仁者安仁集註謝氏曰仁者心無內外遠近精粗之

閗非有所存而自不亡非有所理而自不亂此皆莊列之言非吾儒之學太甲曰顧諟天之明命子曰回之為人也擇乎中庸得一善則拳拳服膺而弗失之矣故曰操則存舍則亡不待存而自不亡者何人哉

舉業

林文恪 材 福州府志曰余好問長老前輩時事或為余言林尚默名誌閩人永樂壬辰進士鄉試會試皆第一殿試第一甲第二人方游鄉庠為弟子員即自負其才當冠海內士云然考其時試諸生者則楊文貞金文靖二公也夫尚默當時所習特舉子業耳而楊金二學士皆文章宿老蔚為儒宗尚默乃能必之二公若合符節何哉當是時學出於一上以是取之下以是習

之譬作車者不出門而知適四方之合轍也正德末異說者起以利誘後生使從其學毀儒先詆傳註殆不啻弁髦矣由是學者倀倀然莫知所從〻〻其舊說則恐或主新說欲從其新說則又不忍遽棄傳註也已不能自必況於人乎嗚呼士之懷瑾握瑜範馳驅而不遇者可勝道哉是故射無定鵠則羿不能巧學無定論則游夏不能工欲道德一風俗同其必自大人不倡游言始

又曰近日講學之輩彌近理而大亂真士附其門者皆取榮名於是一倡百和如伐木者呼邪許然徐而叩之不過徼捷徑於終南而其中實莫之能省也

東鄉艾南英皇明今文待序曰嗚呼制舉業中始為禪之

說者誰與原其始葢繇一二聰明才辯之徒厭先儒敬義誠明窮理格物之說樂簡便而畏繩束其端肇於宋南渡之季而慈湖楊氏之書為最著國初功令嚴密匪程朱之言弗遵也葢至摘取良知之說而士稍異學矣然予觀其書不過師友講論立教明宗而已未嘗以入制舉業也其徒龍谿王畿緒山錢德洪闡明其師之說而又過焉亦未嘗以入制舉業也龍谿之舉業不傳陽明緒山班班可考矣衡較其文特詳於重若未始肆然欲自異於朱氏之學者然則今之為此者誰為之始與吾姑為隱其姓名而又詳乙注其文使學者知以宗門之糟粕為舉業之俑者自斯人始萬曆丁丑科楊起元鳴呼降而為傳燈於彼教初說其淺深相去

已遠矣又況附會以援儒入墨之輩其鄙陋可勝道哉今其大旨不過曰耳　自天聰目自天明猶告子曰生之謂性而已反其廢窮理格物之迂而去之猶告子曰不得於言勿求於心而已任其所之而冥行焉未有不流於小人之無忌憚者此中庸所以言性不言心孟子所以言心而必原之性大學所以言心而必曰正其心吾將有所論著而姑言其槩如此學者可以廢然返矣

又曰嘉靖中姚江之書雖盛行於世而士子舉業尚謹守程朱無敢以禪竄者自興化華亭兩執政尊王氏學於是隆慶戊辰論語程義首開宗門（破題見下是年主考以李春芳興化縣人）後浸淫無所底止科試文士大半剽竊王氏門人之言陰

詆程朱

坊刻中有僞作羅倫致知在格物一篇其破題曰良知者廓於學者也按羅文毅中成化二年進士當時士無異學使果有此文則良知之說始於彝正不始於伯安矣況前人作破亦無此體舊日文字破題或二句或三句以盡題意嘉靖八年主司變體剏為輕能之格孔子聖之時者也程文破云聖人立大中者也試録一出士論譁然者以其為先朝名臣而借之耳

破題用莊子

五經無眞字始見於老莊之書老子曰其中有精其精甚眞猶今方士所謂丹頭莊子漁父篇孔子愀然曰敢問何謂眞客曰眞者精誠之至也荀子眞積力久亦是此意。黃庭經曰積精累氣以為眞大宗師篇曰而已反其眞而我猶為人猗列子曰精神離形各歸其眞故謂之鬼鬼歸也歸其眞宅漢書楊王孫傳曰死者終生之化而物之歸者也歸者得至化者得變是物各反其眞也說文曰眞僊人變形登天也徐氏繫傳曰眞者僊也化也从匕匕卽化也反人為匕从目从乚八其所乘也老人則近于死故老字从匕既死則反其以生為寄以死為歸眞故眞字亦從匕於是有眞人眞君眞宰之名秦始皇曰吾慕眞人自謂眞人不稱朕魏太武改元太平眞君而唐玄宗詔以四子之書謂之眞經皆本乎此也後世相傳乃遂與假為對李斯上秦王書夫擊甕叩缻彈箏搏髀而歌呼嗚嗚者快耳目眞秦之聲也韓信請為假王高帝曰大丈夫定諸侯卽為

真王耳何以假為又更東垣曰真定實䑛上光武書曰豈
可背真舊之主事姦偽之人而與老莊之言真亦微異其
指矣今謂真古曰實今謂假古曰偽左傳襄十八年使乘車者左實右偽以旆先輿曳柴而從之假王猶假
君假相國唐人謂之借職是也今人之所謂假亦非宋諱玄以真代之故廟號曰真
宗玄武七宿改為真武玄冥改為真冥玄枵改為真枵崇
文捴目謂太玄經為太真則猶未離其本也隆慶二年會
試為主司者厭五經而喜老莊黜舊聞而崇新學首題論
語予曰由誨汝知之乎一節其程文破云聖人教賢者以
真知在不昧其心而已莊子大宗師篇且有真人而後有真知列子仲尼篇無樂無知是真
樂真知始明以莊子之言入之文字自此五十年間舉業所
用無非釋老之書彗星掃北斗文昌而御河之水變為赤

血矣崇禎時始申舊日之禁而士夫夫皆幼讀時文習染已久不經之字摇筆輒來正如康崑崙所受鄰舍女巫之邪聲非十年不近樂器未可得而絶也雖然以周元公道學之宗而其爲書猶有所謂無極之真者吾又何責乎今之人哉（羅氏困知記謂無極之真二五之精妙合而凝太極與陰陽五行非二物也不當言合又言通書未嘗一語及無極）

孟子言所不慮而知者其良知也下文明指是愛親敬長若夫因嚴以教敬因親以教愛則必待學而知之者矣今之學者明用孟子之良知暗用莊子之真知

科塲禁約

萬暦三十一年　月禮部尚書馮琦上言頃者皇上納都

給事中張問達之言正李贄惑世誣民之罪盡焚其所著書其崇正闢邪甚盛舉也臣竊惟國家以經術取士自五經四書二十一史通鑑性理諸書而外不列於學官而經書傳註又以宋儒所訂者為準此即古人罷黜百家獨尊孔氏之旨自人文向盛士習寖漓始而厭薄平常稍趨纖靡纖靡不已漸騖新奇新奇不已漸趨詭僻始猶附諸子以立幟今且尊二氏以操戈背棄孔孟非毀程朱惟南華西竺之語是宗是競以實為空以空為實以名教為桎梏以紀綱為贅疣以放言高論為神奇以蕩軼規矩掃滅是非廉耻為廣大取佛書言心言性畧相近者竄入聖言取理經有空字無字者強同於禪教語道既為踳駮論文又不

成章世道潰於狂瀾經學幾為榛莽臣請坊間一切新說曲議令地方官雜燒之生員有引用佛書一句者廩生停廩一月增附不許幫補三句以上降黜中式墨卷引用佛書一句者勒停一科不許會試多者黜革二十八年礼科摘湖廣舉人董以修四書義有無去無住出世住世語罰停五科伏乞天語申黜飭斷在必行自古有仙佛之世聖學必不明世運必不盛即能實詣其極亦與國家無益何況襲咳唾之餘以自蓋其名利之跡者乎

夫道術之分久矣自西晉以來於吾道之外別為二氏自南宋以來於吾道之中自分兩岐又其後則取釋氏之精蘊而陰附於吾道之內如陳白沙王陽明又其後則尊釋氏之名法而顯出於吾道之外如李贄之徒非聖王執中建極群工一

德同風世運之流未知所届上曰祖宗維世立教尊尚孔子明經取士表章宋儒近日學者不但非毀宋儒漸至詆譏孔子埽滅是非蕩棄行檢[illegible]復安得忠孝節義之士為朝廷用覽卿等奏深於世教有裨可開列條款奏來仙佛原是異術宜在山林獨修有好尚者任其解官自便自此稍為釐正然而舊染既深不能盡滌又在位之人多以護惜士子科名為陰德亦不甚摘發也至於末年詭僻彌甚新學之興人皆土苴六經因而不讀傳註崇禎三年浙江鄉試題又用明後民用章上文歲月日時無易傳曰不失其時也第三名龔廣生文誤以為曆家一日十二時之時而取冠本經刻為程文九年應天鄉試題王請大之至文

王一怒而安天下之民內有以遏徂莒註曰莒詩作旅衆也謂密人侵阮徂共之衆也第二十三名周天一文誤以爲春秋莒人之莒亦得中式部科不聞磨勘令之不行至此

朱子晚年定論

宋史陸九淵傳初九淵嘗與朱熹會鵝湖論辯所學多不合及熹守南康九淵訪之熹與至白鹿洞九淵爲講君子小人喻義利一章聽者至有泣下熹以為切中學者隱微深痼之病至於無極而太極之辨則貽書往來論難不置焉

王文成守仁所輯朱子晚年定論今之學者多信之不知

當時羅文莊欽順已嘗與之書而辯之矣其書曰詳朱子定論之編蓋以其中歲以前所見未真及晚年始克有悟乃於其論學書牘三數十卷之內摘此三十餘條其意皆主於向裏者以為得於既悟之餘而斷其為定論斯其所擇宜亦精矣第不知所謂晚年者斷以何年為定偶考得何叔京氏卒於淳熙乙未時朱子年方四十有六後二年丁酉而論孟集註或問始成今有取於答何書者四通以為晚年定論至於集註或問則以為中年未定之說竊恐考之欠詳而立論之太果也又所取答黃直卿一書監本止云此是向來差誤別無定本二字今所增編二字而此序中又變定字為舊字却未詳本字所指朱子有答呂東

策一書嘗及定本之說然非指集註或問也凡此愚皆不能無疑顧猶未足深論竊以執事天資絕出而日新不已向來恍若有悟之後自以為證諸五經四子沛然若決江河而放諸海又以為精明的確洞然無復可疑其固信其非虛語也然又以為獨於朱子之說有相牴牾揆之於理容有是邪他說姑未敢請嘗讀朱子文集其第三十二卷皆與張南軒答問書內第四書亦自以為其於實體似益精明因復取凡聖之書以及近世諸老先生之遺語讀而而驗之則又無一不合蓋平日所疑而未白者今皆不待安排往往自見灑落處與執事之所自序者無一語不相似也書中發其所見不為不明而卷末一書提綱振領尤

為詳盡竊以為千聖相傳之心學殆無以出此矣不知何故獨不為執事所取無亦偶然也耶若以此二書為然則論孟集註學庸章句或問不容別有一般道理如其以為未合則是執事精明之見決與朱子異矣凡此三十餘條者不過姑取之以證成高論而所謂先得我心之所同然者安知不有毫釐之不同者為祟於其間以成牴牾之大隙哉又執事於朱子之後特推草廬吳氏以其見之尤真而取其一說以附於三十餘條之後竊以草廬晚年所見端的與否良未易知蓋吾儒昭昭之云釋氏亦每言之毫釐之差正在於此即草廬所見果有合於吾之所謂昭昭者安知非其四十年閒鑽研文義之效殆所謂真積力久

而豁然貫通者也蓋雖以明道先生之高明純粹又蚤獲親炙於濂溪以發其吟風弄月之趣亦必反求諸六經而後得之但其所稟獨於生知聞一以知十與他人極力於鑽研者不同耳又安得以前日之鑽研文義爲非而以隨此科臼爲悔夫得魚忘筌得兎忘蹄出莊子蹄古罤字可通兎罝也也矜魚兎之獲而反追咎筌蹄以爲多事其可乎哉東莞陳建作學蔀通辯取朱子年譜行狀文集語類及與陸氏兄弟往來書札逐年編輯而爲之辯曰朱陸早同晚異之實二家譜集具載甚明黄氏日抄曰朱子答陸子壽書反復論喪祭之禮答陸子美書辨詰太極西銘至再而止答陸子靜書辨詰七切條其理有未明而不能盡人言者凡七終又隨條詰釋斥其空踈杜撰且云如曰未然各尊所聞各行所知可矣書亦於此而止近世東山趙汸對江右六君子

策乃云朱子答項平父書有去短集長之言此時朱子謙己誨人之辭未嘗教人為陸氏之學也豈鵞湖之論至是而有合邪使其合并於晚歲則其微言精義必有契爲而子靜則既往矣此朱陸早異晚同之說所萌芽也程篁墩敏政因之乃著道一編分朱同陸異爲三節始焉如冰炭之相反中焉則疑信之相半終焉若輔車之相倚朱陸早異晚同之說於是乎成矣王陽明因之遂有朱子晚年定論之録專取朱子議論與象山合者與道一編輔車之卷正相唱和矣凡此皆顛倒早晚以彌縫陸學而不顧矯誣朱子誑誤後學之深故今編年以辯而二家早晚之實近儒顛倒之弊舉昭然矣又曰朱子有朱子之定論象山有象山之定論不可強同專

近世信之者正不讀書之過
學先生也

務虛靜完養精神此象山之定論也主敬涵養以立其本讀書窮理以致其知身體力行以踐其實三者交修並盡此朱子之定論也乃或專言涵養或專言窮理或止言力行則朱子因人之教因病之藥也今乃指專言涵養者為定論以附合於象山其誣朱子甚矣又曰趙東山所云蓋求朱陸生前無可同之實而没後乃臆料其後會之必同本欲安排早異晚同乃至説成生異死同可笑可笑按子靜卒後朱子與詹元善書謂其説頗行于江湖間損賢者之志而益愚者之過不知此禍何時而已蓋已逆知後人宗陸氏者之弊而東山輩不考其書強欲附會之以為同何邪如此豈不適所以彰朱陸平生之未嘗同適自彰其牽合欺人之弊奈何近世咸信之而莫能察也昔裴延齡掩有為無指無為有以欺人主陸

宣公謂其愚弄朝廷甚於趙高指鹿為馬今篁墩筆分明掩有為無指無為有以欺弄後學豈非吾道中之延齡哉又曰昔韓絳呂惠卿代王安石執政時號絳為傳法沙門惠卿為護法善神愚謂近日繼陸學而興者王陽明是傳法沙門程篁墩則護法善神也此書於朱陸二家同異考之極為精詳而世人不知但知其有皇明通紀又不知通紀乃梁文康儲之弟億所作而托名於清瀾也宛平孫承澤謂陽明所編其意欲借朱子以攻朱子且吾夫子以天縱之聖不以生知自居而曰好古敏求曰多聞多見曰博文約禮至老刪述不休猶假年學易朱子一生效法孔子進學必在致知涵養必在主敬德性在是問學亦在是如謬以朱子為支離為晚悔則是吾夫子所謂好古敏求多聞多見

博文約禮皆早年之支離必如無言無知無能為晚年自悔之定論也以此觀之則晚年定論之刻真為陽明舞文之書矣蓋自弘治正德之際天下之士厭常喜新風氣之變已有所自來而文成以絕世之資倡其新說鼓動海內文成與胡端敏世寧鄉試同年一日謂端敏曰公人傑也第少講學端敏答曰某何敢望公但恨公多講學耳嘉靖以後從王氏而詆朱子者始接踵於人間而王尚書世貞發策謂今之學者偶有所窺則欲盡廢先儒之說而出其上不學則借一貫之言以文其陋無行則逃之性命之鄉以使人不可詰此三言者盡當日之情事矣故王門高第為泰州王艮龍溪王畿二人泰州之學一傳而為顏山農均再傳而為羅近溪汝芳趙大洲貞吉龍溪之學一傳而為何心

愚謂姚和尚之説不能行若明以精詆儒而王陽明之説得行本濂以僞叛儒也

隱本名汝梁再傳而爲李卓吾贄陶石簣望齡昔范武子論王弼何晏二人之罪深於桀紂以爲一世之患輕歷代之害重自喪之惡小迷衆之罪大而蘇子瞻謂李斯亂天下至於焚書抗儒皆出於其師荀卿高談異論而不顧者也困知之記學蔀之編固今日中流之砥柱矣

姑蘇志言姚榮國廣孝著書一卷名曰道餘錄專詆程朱實錄本傳言廣孝著道餘錄詆訕先儒爲君子所鄙少師亾後其友張洪謂人曰少師於我厚今死矣無以報之但每見道餘錄輒爲焚棄少師之才不下於文成而不能行其說者少師當道德一風俗同之日而文成在世良道微和說又作之日也

嘉靖二年會試發策考試官蔣文定冕石文介珤謂朱陸之論終以不

合而今之學者顧欲強而同之豈樂彼之徑便而欲陰詆吾朱子之學與究其用心其與何澹陳賈輩亦豈大相遠與至筆之簡冊公肆詆訾以求售其私見禮官舉祖宗朝故事燔其書而禁斥之得無不可乎（成祖實録永樂二年鄱陽人朱季友詣闕獻所著書詆毀宋儒上怒遣行人押赴饒州會司府縣官杖之盡焚其所著書）當日在朝之臣有能持此論者涓涓不塞終為江湖有世道之責者可無履霜堅冰之慮

以一人而易天下其流風至扵百有餘年之久者古有之矣王夷甫之清談王介甫之新説（宋史林之奇言昔人以王何清談之罪甚扵桀紂本朝靖康禍亂考其端倪王氏實負王何之責）其在扵今則王伯安之良知是也孟子曰天下之生久矣一治一亂撥亂世反之正豈不

嗚呼此風至今猶然已也

在於後賢乎

學蔀通辯又曰佛教入中國常有夷狄之禍今日士大夫尚禪尚陸使禪佛之魂駸駸復返可爲世道之憂嗚呼辛有之適伊川其豫見於百年之後者矣後之論者當與陶弘景之詩同録隋書五行志梁天監中茅山隱士陶弘景爲五言詩曰夷甫任散誕平叔坐談空不意昭陽殿忽作單于宮及大同之季公卿唯以談玄爲務侯景作亂遂居昭陽殿

李贄

神宗實録萬暦三十年閏二月乙卯禮科給事中張問達疏劾李贄壯歲爲官晚年削髮近又刻藏書焚書卓吾大德等書流行海内惑亂人心以呂不韋李園爲智謀以李斯爲才力以馮道爲吏隱以卓文君爲善擇佳偶以秦始

皇為千古一帝以孔子之是非為不足據狂誕悖戾不可不燬尤可恨者寄居麻城肆行不簡與無良輩游庵院挾妓女白晝同浴勾引士人妻女入庵講法至有攜衾枕而宿者一境如狂又作觀音問一書所謂觀音者皆士人妻女也後生小子喜其猖狂放肆相率煽惑至於明劫人財強摟人妻同於禽獸而不之恤邇來搢紳士大夫亦有誦咒念佛奉僧膜拜手持數珠以為律戒空懸妙像以為皈依不知遵孔子家法而溺意于禪教沙門者往往出矣近聞贄且移至通州通州距都下四十里儻一入都門招致蠱惑又為麻城之續望勅禮部檄行通州地方官將李贄解發元籍治罪仍檄行兩畿及各布政司將贄刋行諸書

并搜簡其家未刻者盡行燒燬無令貽禍後生世道幸甚得旨李贄敢倡亂道惑世誣民便令廠衛五城嚴拏治罪其書籍已刻未刻令所在官司盡搜燒燬不許存留如有徒黨曲庇隱藏該科及各有司訪奏治罪已而贄逮至懼罪不食死愚按自古以來小人之無忌憚而敢於叛聖人者莫甚於李贄然雖奉嚴旨而其書之行於人間自若也昔晉虞預論阮籍比之伊川被髮所以胡虜徧於中國以為過哀周之時試觀今日之事髡頭也手持數珠也男婦賓旅同土牀而宿也有一非贄之所為者乎益天將使斯人有裂冠左衽之禍而豫見其形者乎殆亦五行志所謂人痾者矣謝在杭五雜俎言李贄先仕宦至太守而後削髮為僧又不居山寺而遨遊四方以干權貴人多畏其口

而善待之擁傳出入境髠首坐肩輿張黄蓋前後呵殿郡縣有司莫敢與均菌伏無何入京師以罪下獄死此亦近于人妖者矣閹人持論之公如此然推其作俑之繇所以敢於詆毀聖賢而自標宗旨者皆出於陽明龍溪禪悟之學後之君子悲神州之陸沉憤五胡之竊據而不能不追求於王何也天啟五年九月四川道御史王雅量疏奉旨李贄諸書怪誕不經命巡視衙門焚燬不許坊間發賣仍通行禁止而士大夫多喜其書往往收藏至今未滅

鍾惺

鍾惺字伯敬景陵人萬曆庚戌進士天啟初任福建提學副使大通關節丁父憂去職尚挾娼妾游武夷山而後即路巡撫南居益疏劾有云百度踰閑五經掃地化子衿為

錢樹桃李堪羞登龍僧於皐比門牆成市公然棄名教而不顧甚至承親諱而冶游疑為病狂喪心詎止文人無行（辛酉福建提學僉事癸亥丁憂甲子京察）坐是沈廢於家乃選歷代之詩名曰詩歸其盛行於世已而評左傳評史記評毛詩好行小慧自立新說天下之士靡然從之而論者遂忘其不孝貪汙之罪且列之為文人矣（錢尚書謙益文集謂古人之于經傳敬之如神明尊之如師保誰敢借而加之評騭評騭之多自近代始而莫甚于越之孫氏楚之鍾氏孫之評書也於大禹謨則譏其文之排偶其評詩也於車攻則譏其選徒囂々非有闡無聲之義尼父之刪述彼將操金椎以之又何怪乎孟堅之史昭明之選詆訶始蒙僮而揮斥如徒隸乎鍾之評左傳也它不具論以克段一傳言之公入而賦姜出而賦句也大隧之中凡四句其所賦之詩也鍾誤以大隧之中為句斷而以融々淺々為序事之語遂抹之曰俗筆句讀之不析文理之不通而佞然冊黃甲乙橫加于經傳是之謂侮聖人之言而世方奉為金科王律遞相師述學

術日頗而人心日壞其禍有不可勝言者孫氏名鑛今世所傳孫月峯者是也余聞閩人言學臣之鬻諸生自伯敬始今之學臣其扵伯敬固當如茶肆之陸鴻漸奉為利市之神又何怪讀其所選之詩以為風騷再作者邪其罪雖不及李贄然亦敗壞天下之一人舉業至於抄佛書講學至扵會男女考試至扵鬻生員此皆一代之大變不在王莽安祿山劉豫之下故書其事扵五經諸書之後嗚呼四維不張國乃滅亡管子已先言之矣

竊書

漢人好以自作之書而托為古人張霸百二尚書衛宏詩序之類是也晉以下人則有以他人之書而竊為己作郭

象莊子註何法盛晋中興書之類是也若有明一代之人其所著書無非竊盜而已

世説曰初註莊子者数十家莫能究其旨要向秀於舊註外爲解義妙析奇致大暢玄風唯秋水至樂二篇未竟而秀卒秀子幼義遂零落然猶有别本郭象者為人薄行有儁才見秀義不傳於世遂竊以為已註乃自註秋水至樂二篇又易馬蹄一篇其餘衆篇或定點文句而已後秀義别本出故今有向郭二莊今代之人但有薄行而無儁才不能通作者之意其盜竊所成之書必不如元本名為鈍賊何辭

舊唐書姚班嘗以其曾祖察所撰漢書訓纂多為後之注

漢書者隱沒名字將為已說班乃撰漢書紹訓四十卷以發明舊義行於代吾讀有明弘治以後經解之書皆隱沒古人名字將為已說者也

勘書

凡勘書必用能讀書之人偶見焦氏易林舊刻有曰環緒倚鉏乃環堵之誤註云緒疑當作佩井堙水刊乃木刊之誤註云刊疑當作利失之遠矣幸其出於前人雖不讀書而猶遵本文不敢輒改苟如近世之人據臆改之則文益晦義益舛而傳之後日雖有善讀者亦茫然無可尋求矣然則今之坊刻不擇其人而委之讐勘豈不為大害乎

梁簡文帝長安道詩金椎抵長樂複道向宜春是用漢書

賈山傳隱以金椎樹以青松為馳道之麗至於此三輔決録長安十二門三塗洞開隱以金椎周以林木左出右入為往来之逕水經注同今誤作金推而又改為椎輪唐闍朝隱送金城公主適西蕃詩還將貴公主嫁與傉檀王是用晋書載記河西王禿髮傉檀今誤作耨檀而又改為褥氈比於金根車之改金銀而又甚焉者矣

莊子嬰兒生無石師而能言一本作所師蓋魏晋以後寫書多有作草者故以所而訛石也

改書

東坡志林曰近世人輕以意改書鄙淺之人好惡多同故從而和之者衆遂使古書日就訛舛深可忿疾孔子曰吾

猶及史之闕文也自予少時見前輩皆不敢輕改書故蜀本大字書皆善本

漢書藝文志曰古者書必同文不知則闕問諸故老至於衰世是非無正人用其私故孔子曰吾猶及史之闕文也今亡矣夫蓋傷其寖不正是知穿鑿之弊自漢已然故有行賂改蘭臺漆書以合其私者矣

萬曆間人多好改竄古書人心之邪風氣之變自此而始且如駱賓王為徐敬業討武氏檄本出舊唐書其曰偽臨朝武氏者敬業起兵在光宅元年九月武氏但臨朝而未革命也近刻古文改作偽周武氏不察檄中所云包藏禍心睥睨神器乃是未篡之時故有是言越六年天授元年九月始改國號曰

周
其時廢中宗為廬陵王而立相王為皇帝故曰君之愛子幽之於别宫也不知其人不論其世而輙改其文繆種流傳至今未已又近日盛行詩歸一書尤為妄誕魏文帝短歌行長吟永嘆思我聖考聖考謂其父武帝也改為聖老評之曰聖老字奇舊唐書李泌對肅宗言天后有四子長曰太子弘監國而神明孝悌天后方圖稱制乃鴆殺之以雍王賢為太子賢自知不免與二弟日侍於父母之側不敢明言乃作黄臺瓜辭令樂工歌之冀天后悟而哀愍其辭曰種瓜黄臺下瓜熟子離離一摘使瓜好再摘使瓜稀三摘猶尚可四摘抱蔓歸而太子賢終為天后所逐死於黔中其言四摘者以況四子也以為非四之所能盡而改為

摘絕此皆不考古而肆臆之說豈非小人而無忌憚者哉

易林

易林疑是東漢以後人撰而托之焦延壽者延壽在昭宣之世漢書京房傳曰延壽以好學得幸梁王王共其資用令極意學學既成為郡史察舉補小黃令按此梁敬王定國也以昭帝始元元年嗣四十年薨當元帝之初元三年其時左氏未立學官今易林引左氏語甚多又往往用漢書中事如曰彭離濟東遷之上庸事在武帝元鼎元年曰長城既立四夷賓服交和結好昭君是福事在元帝竟寧元年曰火入井口揚芒生角犯歷天門窺見太微登上玉牀似用李尋傳語曰新作初陵踰陷難登似用成帝起昌陵事又曰劉季發怒命滅子嬰又曰大蛇當路使季畏懼則又非漢人所宜言也

日知録卷之二十一

文須有益於天下

文之不可絶於天地間者，曰明道也，紀政事也，察民隱也，樂道人之善也。若此者，有益於天下，有益於將來，多一篇，多一篇之益矣。若夫怪力亂神之事，無稽之言，勦襲之語，諛佞之文，若此者，有損於己，無益於人，多一篇，多一篇之損矣。

文不貴多

二漢文人所著絶少，史於傳末每云所著凡若干篇，惟董仲舒至百二十篇，而其餘不過五六十篇，或十數篇，或三四篇。史之録其數，蓋稱之，非少之也。乃今人著作，則以多

多為富夫多則必不能工即工亦必不皆有用於世其不傳宜矣

西京尚辭賦故漢書藝文志所載止詩賦二家其諸有名文人陸賈賦止三篇賈誼賦止七篇枚乘賦止九篇司馬相如賦止二十九篇兒寬賦止二篇司馬遷賦止八篇王褒賦止十六篇揚雄賦止十二篇而最多者則淮南王賦八十二篇枚皐賦百二十篇而於枚皐傳云皐為文疾受詔輙成故所賦者多司馬相如善為文而遲故所作少而善於皐皐賦辭中自言為賦不如相如其文骫骳曲隨其事皆得其意頗詼笑不甚閑靡凡可讀者不二十篇其尤嫚戲不可讀者尚數十篇是辭賦多而不必善也東漢多

碑誄書序論難之文又其時崇重經術復多訓詁凡傳中録其篇數者四十九人其中多者如曹褒應劭劉陶蔡邕荀爽王逸各百餘篇少者盧植六篇黄香五篇劉騊駼崔列曹衆曹朔各四篇桓彬三篇而于鄭玄傳云玄依論語作鄭志八篇所注諸經百餘萬言通人頗譏其繁是解經多而不必善也

秦延君說堯典篇目兩字之說十餘萬言但說曰若稽古三萬言桓譚新論此顏之推家訓所謂鄴下諺云博士買驢書券三紙未有驢字者也陸游詩文辭博士書驢券職事參軍判馬曹

文以少而盛以多而衰以二漢言之東都之文多於西京而文衰矣以三代言之春秋所降之文多於六經而文衰

記曰天下無道則言有枝葉隋志載古文人集西京惟劉向六卷楊雄劉歆各五卷為至多矣它不過一卷二卷而江左梁簡文帝至八十五卷元帝至五十二卷沈約至一百一卷所謂雖多亦奚以為矣如惠施五車其書竟無一篇傳者

著書之難

子書自孟荀之外如老莊管商申韓皆自成一書至呂氏春秋淮南子則不能自成故取諸子之言彙而為書此子書之一變也今人書集一一盡出其手必不能多大抵如呂覽淮南之類耳其必古人之所未及就後世之所不可無而後為之庶乎其傳也與

宋人書如司馬溫公資治通鑑馬貴與文獻通考皆以一

生精力成之遂爲後世不可無之書而其中小有舛漏尚亦不免若後人之書愈多而愈舛漏愈多而愈不傳所以然者其視成書太易而急於求名故也

伊川先生晚年作易傳成門人請授先生曰更俟學有所進子不云乎忘身之老也不知年數之不足也俛焉日有孳孳斃而後已

直言

張子有云民吾同胞今日之民吾與達而在上位者之所共也救民以事此達而在上位者之責也救民以言此亦窮而在下位者之貴也

天下有道則庶人不議然則政教風俗苟非盡善即許庶

人之議矣故盤庚之誥曰無或敢伏小人之攸箴而國有大疑卜諸庶民之從逆子產不毀鄉校漢文止輦受言皆以此也唐之中世此意猶存魯山令元德秀遣樂工數人連袂歌于蔿于玄宗為之感動白居易為盩厔尉作樂府及詩百餘篇規諷時事流聞禁中憲宗召入翰林亦近於陳列國之風聽輿人之誦者矣

詩之為教雖主於溫柔敦厚然亦有直斥其人而不諱者如曰赫赫師尹不平謂何如曰赫赫宗周褒姒烕之如曰皇父卿士番維司徒家伯維宰仲允膳夫聚子內史蹶維趣馬楀維師氏豔妻煽方處如曰伊誰云何維暴之云則皆直斥其官族名字古人不以為嫌也楚辭離騷余以蘭

為可恃兮羌無實而容長王逸章句謂懷王少弟司馬子蘭椒專佞以慢慆兮章句謂楚大夫子椒洪興祖補註古令人表有令尹子椒如杜甫麗人行賜名大國虢與秦慎莫近前承相嗔近於十月之交詩人之義矣孔稚珪北山移文明斥周顒劉孝標廣絶交論陰譏到溉袁楚客規魏元忠有千失之書韓退之諷陽城作争臣之論此皆古人風俗之厚

立言不為一時

天下之事有言在一時而其效見於數十百年之後者魏志司馬朗有復井田之議謂往者以民各有累世之業難中奪之今承大亂之後民人分散土業無主皆為公田宜

鑞 錫之堅白者

及此時復之當世未之行也及拓跋氏之有中原令戶絶者墟宅桑榆盡為公田以給授而口分世業之制自此而起迄於隋唐守之魏書武定之初私鑄濫惡齊文襄王議稱錢一文重五銖者聽入市用天下州鎮郡縣之市各置二稱懸於市門若重不五銖或雖重五銖而雜鉛鑞並不聽用當世未之行也及隋文帝之有天下更鑄新錢文曰五銖重如其文置樣于關不如樣者没官銷毀之而開通元寶之式自此而準至宋時猶倣之

唐書李叔明為劍南節度使上疏言道佛之弊請本道定寺為三等觀為二等上寺留僧二十一上觀道士十四每等降殺以七皆擇有行者餘還為民德宗善之以為可行

之天下詔下尚書省議已而罷之至武宗會昌五年併省天下寺觀勅上都東都兩街各留二寺每寺留僧三十人天下節度觀察使治所及同華商汝州各留一寺分為三等上等留僧二十人中等留十人下等五人凡毀寺四千六百餘區歸俗僧尼二十六萬五百人大秦穆護祅僧二千餘人而本朝洪武中亦稍行其法元史京師恃東南運糧竭民力以航不測泰定中虞集建言京東數千里北極遼海南濱青齊萑葦之塲海潮日至淤為沃壤用浙人之法築堤捍水為田聽富民欲淂官者合其衆而授以地能以萬夫耕者授以萬夫之田為萬夫長千夫百夫亦如之三年視其成以地之高下定為徵額五年有積蓄命以官就

所儲給以禄十年佩之符印得以傳子孫如軍官之法如此可以寛東南之運以紓民力而游手之徒皆有所歸事不果行及順帝至正中海運不至從丞相脱脱言乃立分司農司於江南召募能種水田及修築圍堰之人各一千名為農師歲乃大稔至今水田遺利猶有存者而戚將軍繼光復修之薊鎮是皆立議之人所不及見而窮則變變則通通則久天下之理固不出乎此也孔子言行夏之時固不以望之魯之定哀周之景敬也而獨以告顔淵及漢武帝太初之元幾三百年矣而遂行之孔子之告顔淵告漢武也孟子之欲用齊也曰以齊王猶反手也若滕則不可用也而告文公之言亦未嘗貶于齊梁曰有王者起必

来取法是為王者師也嗚呼天下之事有其識者不必遭其時而當其時者或無其識然則開物之功立言之用其可少哉

朱子作詩傳至於秦黄鳥之篇謂其初特出於戎翟之俗而無明王賢伯以討其罪於是習以為常則雖以穆公之賢而不免論其事者亦徒閔三徒之不幸而嘆秦之衰至於王政不綱諸侯擅命殺人不忌至於如此則莫知其為非也歷代相沿至我朝英廟始革千古之弊伏讀正統四年六月乙酉書詔 祥符王有爝曰周王薨 深切痛悼其存日嘗奏葬擇近地從儉約以省民力自妃夫子人以下不必從死年少有父母者各遣歸其家周憲王諱有燉所著有誠齋集憲王雖有

此命及莞妃華氏竟自經以殉謚貞烈以一品禮葬之蓋上御極之初即有感于憲王之奏而亦朱子詩傳有以發其天聰也嗚呼仁哉

文人之多

唐宋以下何文人之多也固有不識經傳不通古今而自命為文人者矣韓文公符讀書城南詩曰文章豈不貴經訓乃菑畬潢潦無根源朝滿夕已除人不通古今馬牛而襟裾行身陷不義况望多名譽而宋劉摯之訓子孫每曰士當以器識為先一號為文人無足觀矣然則以文人名於世焉足重哉此楊子雲所謂擄我華而不食我實者也黄魯直言數十年來先生君子但用文章提奬後生故華而不實本朝嘉靖以來亦有此風而陸文裕深所記劉文

靖徒告吉士之言空同李夢陽大以為不平矣見停驂錄

宋史言歐陽永叔與學者言未嘗及文章惟談吏事謂文章止於潤身政事可以及物

巧言

詩云巧言如簧顏之厚矣而孔子亦曰巧言令色鮮矣仁又曰巧言亂德夫巧言不但言語凡今人所作詩賦碑狀足以悅人之文皆巧言之類也不能不足以為通人夫惟能之而不為乃天下之大勇也故夫子以剛毅木訥為近仁學者所用力之途在此不在彼矣

天下不仁之人有二一為好犯上好作亂之人一為巧言令色之人自幼而不孫弟以至於弒父與君皆好犯上好作

亂之推也自脅肩諂笑未同而言以至於苟患失之無所不至皆巧言令色之推也然而二者之人常相因以立於世有王莽之篡弑則必有揚雄之美新有曹操之禪代則必有潘勖之九錫世說言潘元茂作魏公冊命人謂與訓誥同風是故亂之所繇生也犯上者謂之魁巧言者為之輔故大禹謂之巧言令色孔壬而與驩兜有苗同為一類甚哉其可畏也穆王作冏命曰無以巧言令色便辟側媚然則學者宜如之何必先之以孝弟以消其悖逆陵暴之心繼之忠信以去其便辟側媚使一言一動皆出於其本心而不使不仁者加乎其身夫然後可以修身而治國矣記者於論語之首而列有子曾子之言所以補夫子平日所未及其間次序亦不為無意

世言魏忠賢初不知書而口含天憲則有一二文人代為之漢後書言梁冀裁能書計其誣奏太尉李固時扶風馬融為冀章草唐書言李林甫自無學術僅能秉筆而郭慎微苑咸文士之闒茸者代為題尺又言高駢上書肆為醜悖脅邀天子而吳人顧雲以文辭緣澤其姦宋史言章惇用事嘗曰元祐初司馬光作相用蘇軾掌制所以能鼓動四方乃使林希典書命逞毒於元祐諸臣嗚呼何代無文人有國者不可不深惟華實之辨也

修辭

典謨爻象此二帝三王之言也論語孝經此夫子之言也文章在是性與天道亦不外乎是故曰有德者必有言善

乎游定夫之言曰不能文章而欲聞性與天道譬猶築數仞之墻而浮埃聚沫以爲基無是理矣後之君子於下學之初即談性道乃以文章爲小技而不必用力然則夫子不曰其旨遠其詞文乎不曰言之無文行而不遠乎曾子曰出辭氣斯遠鄙倍矣嘗見今講學之先生從語録入門者多不善於修辭或乃反子貢之言以譏之曰夫子之言性與天道可得而聞夫子之文章不可得而聞也

楊用修曰文道也詩言也語録出而文與道判矣詩話出而詩與言離矣

自嘉靖以後人知語録之不文於是王元美之劄記范介儒之膚語上規子雲下法文宗雖所得有淺深之不同然

可謂知言者矣

文人摹倣之病

近代文章之病全在摹倣即使逼肖古人已非極詣况遺其神理而得其皮毛者乎且古人作文時有利鈍梁簡文與湘東王書云今人有效謝康樂裴鴻臚文者學謝則不屆其精華但得其冗長學裴則蔑棄其所長惟得其所短宋蘇子瞻云今人學杜甫詩得其粗俗而已葉水心言慶曆嘉祐以來天下以杜甫為師始黜唐人之學謂之江西宗派金元裕之詩云少陵自有連城璧爭奈微之識碔砆夫文章一道猶儒者之末事乃欲如陸士衡所謂謝朝華於已披啟夕秀于未振者今且未見其人進此而窺著述之林益難之矣

效楚辭者必不如楚辭效七發者必不如七發蓋其意中先有一人在前旣恐失之而其筆力復不能自遂此壽陵餘子學步邯鄲之説也

洪氏容齋隨筆曰枚乘作七發創意造端麗詞腴旨上薄騷些故爲可喜其後繼之者如傅毅七激張衡七辨崔駰七依馬融七廣曹植七啟王粲七釋張協七命之類規倣太切了無新意傅玄又集之以爲七林使人讀未終篇往往棄諸几格柳子厚晉問乃用其體而超然別立機杼激越清壯漢晉諸文士之弊於是一洗矣東方朔荅客難自是文中傑出楊雄擬之爲解嘲尚有馳騁自得之妙至於崔駰達旨班固賓戲張衡應閒皆章摹句寫其病與七林

同及韓退之進學解出於是一洗矣其言甚當然此以辭之工拙論爾若其意則總不能出於古人範圍之外也如揚雄擬易而作太玄王莽依周書而作大誥皆心勞而日拙者矣世說王隱論揚雄太玄雖妙非益也古人譜之屋下架屋曲禮之訓毋勦說毋雷同此古人立言之本

文辭欺人

古來以文辭欺人者莫若謝靈運次則王維靈運自為元勲之後襲封國公宋氏革命不能與徐廣陶潜為林泉之侶既為宋臣又與廬陵王義真款密至元嘉之際累遷侍中自以名流應參時政文帝唯以文義接之以致觖望又上書勸伐河北至屢嬰罪劾興兵拒捕乃作詩曰韓亡子

房奮秦帝魯連恥本自江海人忠義動君子及其臨刑又作詩曰龔勝無餘生李業有終盡若謂欲效忠於晉者先後之矛盾乎史臣書之以逆不爲苛矣王維爲給事中安禄山陷兩都拘于普施寺迫以僞署禄山宴其徒於凝碧池維作詩曰萬户傷心生野烟百官何日再朝天秋槐葉落空宫裏凝碧池頭奏管絃賊平下獄或以詩聞於行在其弟刑部侍郎縉請削官以贖兄罪肅宗乃特宥之責授太子中允襄王僭號逼李拯爲翰林學士拯既汙僞署心不自安時朱玫秉政百揆無叙拯嘗朝退駐馬國門爲詩曰紫宸朝罷綴鴛鸞丹鳳樓前立馬看唯有終南山色在晴明依舊滿長安吟已涕下及王行瑜已殺朱玫襄王出

奔拯為亂兵所殺。二人之詩同也，一死一不死，而文墨交游之士多護王維，如杜甫謂之高人王右丞。天下有高人而仕賊者乎？今有顛沛之餘，投身異姓，至擯斥不容，而後發為忠憤之論，與夫名汙偽籍而自託乃心，比於康樂、右丞之輩，吾見其愈下矣。

末世人情彌巧，文而不慙。固有朝賦采薇之篇，而夕赴偽廷之舉者。苟以其言取之，則車載魯連，斗量王蠋矣。曰：是不然。世有知言者出焉，則其人之真偽，即以其言辨之，而卒莫能逃也。黍離之大夫，始而搖搖，中而如噎，既而如醉，無可奈何而付之蒼天者，真也。汨羅之忠臣，言之重，辭之複，心煩意亂，而其詞不能以次者，真也。栗里之徵士，淡然若怨於世而感憤之懷有時不能自止而微見其情者眞也其汲汲於自表暴而爲言者僞也易曰將叛者其辭慙中心疑者其辭枝失其守者其辭屈詩曰盗言孔甘亂是用餤夫鏡情僞屏盗言君子之道興王之事莫先乎此

文章繁簡

韓文公作樊宗師墓銘曰維古于辭必己出降而不能乃剽賊後皆指前公相襲從漢迄今用一律此極中今人之病若宗師之文則懲時人之失而又失之者也如絳守居園池記以東西二字平常而改爲甲辛始類吴人之呼庚癸者矣作嘗須註此自秦漢以前可耳若今日作書而非註不可解則是求簡而得繁兩失之矣子曰辭達而已矣胡纘宗修安慶府志書正德中劉七事大書曰七年閏五月賊七來寇江

境而分注於賊七之下曰姓劉氏舉以示人無不笑之不知近日之學為秦漢文者皆賊七之類也

辭主乎達不論其繁與簡也繁簡之論興而文亡矣史記之繁處必勝於漢書之簡處容齋隨筆論衛青傳封三校尉語史記勝漢書處正不獨此新唐書之簡也不簡於事而簡於文其所以病也

時子因陳子而以告孟子陳子以時子之言告孟子此不須重見而意已明齊人有一妻一妾而處室者其良人出則必饜酒肉而後反其妻問所與飲食者則盡富貴也其妻告其妾曰良人出則必饜酒肉而後反問其與飲食者盡富貴也而未嘗有顯者來吾將瞷良人之所之也有饋生魚於鄭子產子產使校人畜之池校人烹之反命曰始舍之圉圉焉少則洋洋焉悠悠然而逝子產曰得其所哉得

其所哉校人出曰孰謂子產智予既烹而食之曰得其所哉得其所哉此必須重疊而情事乃盡此孟子文章之妙使入新唐書於齊人則必曰其妻疑而瞯之於子產則必曰校人出而笑之而言而已矣是故辭主乎達不主乎簡

劉器之曰新唐書叙事好簡畧其辭故其事多鬱而不明此作史之病也豈文章且有繁簡耶昔人之論謂如風行水上自然成文若不出於自然而有意於繁簡則失之矣當日進新唐書表云其事則增於前其文則省於舊新唐書所以不及古人者其病正在此兩句也

黄氏日抄言蘇子由古史改史記多有不當如樗里子傳史記曰母韓女也樗里子滑稽多智古史曰母韓女也滑

稽多智似以毋為滑稽矣然則樗里子三字豈可省乎甘茂傳史記曰甘茂者下蔡人也事下蔡史舉學百家之說古史曰下蔡史舉學百家之說似史舉自學百家矣然則事之一字其可省乎以是知文不可以省字為工字而可省太史公省之久矣

文人求古之病

後周書柳虯傳時人論文體有今古之異虯以為時有今古非文有今古此至當之論夫今之不能為二漢猶二漢之不能為尚書左氏乃勤取史漢中文法以為古甚者猥其一二字句用之於文殊為不稱元阿魯圖進宋史表曰且辭之繁簡以事而文之今古以時蓋用柳虯之語

以今日之地爲不古而借古地名以今日之官爲不古而借古官名舍今日恒用之字而借古字之通用者皆文人所以自蓋其俚淺也

唐書鄭餘慶奏議類用古語如仰給縣官馬萬蹄有司不曉不〔其〕語人訾其不適時

宋陸務觀跋前漢通用古字韻曰古人讀書多故作文字偶用一二古字初不以爲工亦自不知孰爲古孰爲今也近時乃或抄掇史漢中字入文辭中自謂工妙不知有笑之者偶見此書爲之太息書以爲後生戒

元陶宗儀輟耕録曰凡書官銜俱當從實如廉訪使總管之類若改之曰監司太守是亂其官制久遠莫可考矣

何孟春餘冬序録曰今人稱人姓必易以世望稱官必用前代職名稱府州縣必用前代郡邑名欲以爲異不知文字間著此何益於工拙此不惟於理無取且於事復有礙矣李姓者稱隴西公杜曰京兆王曰琅邪鄭曰滎陽以一姓之望而槩衆人可乎此其失自唐末五季間孫光憲輩始北夢瑣言稱馮涓爲長樂公冷齋夜話稱陶穀爲五柳公類以昔人之號而槩同姓尤是可鄙官職郡邑之建置代有沿革今必用前代名號而稱之後將何所考焉此所謂於理無取而事復有礙者也

于慎行筆麈曰史漢文字之佳本自有在非謂其官名地名之古也今人慕其文之雅往往取其官名地名以施於

今此應爲古人笑也史漢之文如　欲復古何不以三代官名施於當日而但記其實邪文之雅俗固不在此徒混淆失實無以示遠大家不爲也予素不工文辭無所模擬至於名義之微則不敢苟尋常小作或有遷就金石之文斷不敢於官名地名以古易今前輩名家亦多如此

古人集中無冗複

古人之文不特一篇之中無冗複也一集之中亦無冗複且如稱人之善見于祭文則不復見于誌見于誌則不複見于他文後之人讀其全集可以互見也又有互見于他人之文者如歐陽公作尹師魯誌不言近日古文自師魯始以爲范公祭文已言之可以互見不必重出蓋歐陽公

自信已與范公之文並可傳于後也亦可以見古人之重愛其言也

劉夢淂作柳子厚文集序曰凡子厚名氏與仕與年暨行已之大方有退之之誌若祭文在又可見古人不必其文之出於已也

書不當兩序

會試録鄉試録主考試官序其首副主考序其後職也凡書亦猶是也且如國初時府州縣志書成必推其鄉先生之齒尊而有文者序之不則官于其府州縣者也請者必當其人其人亦必自審其無可讓而後爲之官于是者其文優其于是書也有功則不謙于鄉矣鄉之先生其文優

其于是書也有功則官不敢作矣義取于獨斷則有自爲之而不讓于鄉與官矣凡此者所謂職也故其序止一篇或別有發明則爲後序亦有但紀歲月而無序者今則有兩序矣有累三四序而不止者矣兩序非體也不當其人非職也世之君子不學而好多言也

凡書有所發明序可也無所發明但紀成書之歲月可也

人之患在好爲序

唐杜牧答莊充書曰自古序其文者皆後世宗師其人而爲之今吾與足下竝生今世欲序足下未已之文固不可也讀此言今之好爲人序者可以止矣

婁堅重刻元氏長慶集序曰序者敘所以作之指也蓋始

於子夏之序詩其後劉向以校書爲職每一編成卽有序最爲雅馴矣左思賦三都成自以名不甚著求序於皇甫謐自是綴文之士多有託於人以傳者皆汲汲於名而惟恐人之不吾知也至於其傳旣久刻本之存者成漫漶不可讀有繕寫而重刻之則又復序之是宜敘所以刻之意可也而今之述者非追論昔賢妄爲優劣之辨卽過稱好事多設游揚之辭皆吾所不取也讀此言今之好爲古人文集序者可以止矣

古人不爲人立傳

列傳之名始於太史公蓋史體也不當作史之職無爲人立傳者故有碑有誌有狀而無傳梁任昉文章緣起言傳

诗状不可妄作以下两页误倒

始於東方朔作非有先生傳是以寓言而謂之傳韓文公集中傳三篇太學生何蕃圬者王承福毛穎又有下邳侯革華傳是僞作柳子厚集中傳六篇宋清郭橐駝童區寄梓人李赤蝜蝂何蕃僅採其一事而謂之傳王承福之輩皆微者而謂之傳毛穎李赤蝜蝂則戲耳而謂之傳蓋比於稗官之屬耳若段太尉則不曰傳曰逸事狀子厚之不敢傳段太尉以不當史任也自宋以後乃有為人立傳者侵史官之職矣

太平御覽書目列古人別傳數千種謂之別傳所以別於史家

誌狀不可妄作

風西漢已然按陳皇后無復幸之事此文蓋後人擬作然亦漢人之筆也杜甫作八哀詩李邕一篇曰干謁滿其門碑版照四裔豐屋珊瑚鉤麒麟織成罽紫騮隨劍几義取無虛歲邕本傳長於碑頌人奉金帛請其文前後所受鉅萬計劉禹錫祭韓愈文曰公鼎侯碑志隧表阡一字之價輦金如山可謂發露真贓者矣侯鯖錄唐王仲舒為郎中與馬逢友善每責逢云貧不可堪何不尋碑誌相救逢笑曰適見人家走馬呼醫立可待也此雖戲言當時風俗可見矣昔楊子雲猶不肯受賈人之錢載之法言而杜乃謂之義取則又不若唐寅之直以利為也戒菴漫筆言唐子畏有巨冊自錄所作文簿面題曰利市今市肆帳簿必題此二字新唐書韋貫之傳言裴均子持萬縑請撰先銘荅曰吾寧餓死豈能為是今之賣文為活者可以愧矣

司空圖傳言隱居中條山王重榮父子雅重之數饋遺弗受嘗爲作碑贈絹數千圖置虞鄉市人得取之一日盡旣不有其贈而受之何居不得已也是又其次也

文非其人

元史姚燧以文就正於許衡衡戒之曰弓矢爲物以待盜也使盜得之亦將待人文章固發聞士子之利器然先有能一世之名將何以應人之見役者哉非其人而與之與非其人而拒之均罪也非周身斯世之道也吾觀前代馬融懲於鄧氏不敢復違忤勢家遂爲梁冀草奏李固又作大將軍西第頌以此頗爲正直所羞徐廣爲祠部郎時會稽王世子元顯録尚書欲使百僚致敬臺内使廣立議由

誌狀在文章家爲史之流上之史官傳之後人爲史之本史以記事亦以載言故不讀其人一生所著之文不可以作其人生而在公卿大臣之位者不悉一朝之大事不可以作其人生而在曹署之位者不悉一朝之掌故不可以作其人生而在監司守令之位者不悉一方之地形土俗因革利病不可以作今之人未通乎此而妄爲人作誌史家又不考而承用之是以牴牾不合子曰蓋有不知而作之者其謂是與

名臣碩德之子孫不必皆讀父書讀父書者不必能通有司掌故若夫爲人作誌者必一時文苑名士乃不能詳究而曰子孫之狀云爾吾則因之夫大臣家可有不識字之

子孫而文章家不可有不通今之宗匠乃欲使籍談伯魯之流爲文人任其過嗟乎若是則盡天下而文人矣

作文潤筆

蔡伯喈集中爲時貴碑誄之作甚多如胡廣陳寔各三碑橋玄楊賜胡碩各二碑至於袁滿來年十五胡根年七歲皆爲之作碑自非利其潤筆不至爲此史傳以其名重隱而不言耳文人受賕豈獨韓退之諛墓金哉李商隱記齊魯二生曰劉叉持韓退之金數斤去曰此諛墓中人所得爾不若與劉君爲壽愈不能止今此事載唐書

王楙野客叢書曰作文受謝非起於晉宋觀陳皇后失寵於漢武帝别在長門宫聞司馬相如天下工爲文奉黄金百金爲文君取酒相如因爲文以悟主上皇后復得幸此

是內外並執下官禮虜常爲愧恨陸游晚年再出爲韓侂胄撰南園閱古泉記見譏清議朱文公嘗言其能太過迹太近恐爲有力者所牽挽不得全其晚節是皆非其人而與之者也夫禍患之來輕於恥辱必不得已與其與也寧拒之乃儉德含章其用有先乎此者則又貴知微之君子矣少年未達投知求見之文亦不可輕作韓昌黎集有上京兆尹李實書曰愈來京師於今十五年所見公卿大臣不可勝數皆能守官奉職無過失而已未見有赤心事上憂國如家如閣下者今年已來不雨者百有餘日種不入土野無青草而盜賊不敢起穀價不敢貴百坊百二十司六軍二十四縣之人皆若閣下親臨其家老姦宿贓銷縮摧

沮寃亡鬼恧影滅跡絶非閤下條理鎮服布宣天子威德其何能及此至其爲順宗實録書貶京兆尹李實爲通州長史則曰實諂事李齊運驟遷至京兆尹恃寵強愎不顧文法是時春夏旱京畿乏食實一不以介意方務聚斂徵求以給進奉每奏對輒曰今年雖旱而穀甚好繇是租稅皆不免人窮至壞屋賣瓦木貸麥苗以應官陵轢公卿已下隨喜怒誣奏黜朝廷畏忌之嘗有詔免畿內逋租實不行用詔書徵之如初勇於殺害人吏不聊生至譴市里懽呼皆袖瓦礫遮道伺之實録閒道獲免與前所上之書迥若天淵矣（鶴林玉露摘此爲疑）豈非少年未達投知求見之文而不自覺其失言者邪後之君子可以爲戒

假設之辭

古人為賦多假設之辭序述往事以為點綴不必一一符同也子虛亡是公烏有先生之文已肇始於相如矣後之作者實祖此意謝莊月賦陳王初喪應劉端憂多暇又曰抽毫進牘以命仲宣按王粲以建安二十一年從征吳二十二年春道病卒徐陳應劉一時俱逝亦是歲也至明帝太和六年植封陳王豈可掎摭史傳以議此賦之不合哉庾信枯樹賦旣言殷仲文出為東陽太守乃復有桓大司馬亦同此例仲文為桓玄侍中桓大司馬則玄之父溫也□此乃因仲文有此樹婆娑之言桓元子有木猶如此之歎遂以二事湊合成文而長門所云陳皇后復得幸者亦本無其事俳諧之文不當與之莊論矣長門賦乃後人託名之作相如以元狩五

年辛安得言孝武皇帝哉

陳后復輦之云正如馬融長笛賦所謂屈平適樂國介推還受祿也

古文未正之隱

陸機辨亡論其稱晉軍上篇謂之王師下篇謂之彊寇文信國指南録序中北字皆虜字也後人不知其意不能改之謝皋羽西臺慟哭記本當云文信公而謬云顏魯公本當云季宋而云季漢凡此皆有待於後人之改正者也

胡身之註通鑑至二百　十卷石敬塘以山後十六州賂契丹之事而云自是之後遼滅晉金破宋其下闕文一行謂蒙古滅金取宋一統天下而諱之不書此有待於後人

之補完者也漢人言春秋所貶損大人當世君臣有畏權勢力者其事皆見於書漢書藝文志故定哀之間多微辭矣況於易姓改物制有中華者乎孟子曰不知其人可乎是以論其世也習其讀而不知無爲貴君子矣

鄭所南心史書文丞相事言公自序本末未有稱賊曰大國曰丞相又自稱天祥皆非公本語舊本皆直斥虜酋名然則今之集本或皆傳書者所改

金史紇石烈牙吾塔傳北中亦遣唐慶等往來議和完顏合達傳北中大臣以輿地圖指示之完顏賽不傳按春自北中逃回北中二字不成文蓋虜中也修史者仍金人之辭未改

晉書劉元海石季龍作史者亦避唐諱後之引書者多不知而襲之惟通鑑

非三公不得稱公

公羊傳曰天子三公稱公王者之後稱公天子三公稱公周公召公畢公毛公蘇公是也王者之後稱公宋公是也杜氏通典曰周制非二王之後列國諸侯其爵無至公者春秋有虞公州公或因殷之舊爵或嘗爲天子之官子孫因其號耳非周之典制也東遷而後列國諸侯皆僭稱公夫子作春秋而筆之於書則或公或否生不公葬則公之列國不公魯則公之於是天子之事與人臣之禮並見於書而天下之大法昭矣漢之西都有七相五公西都賦李善註公卿

御史大夫將軍通稱也按後漢書獻帝謂御史大夫郗慮曰郗公天下宰有是耶是御史大夫得稱公也而光武則置三公後漢百官志太尉公一人司徒公一人司空公一人史家之文如鄧公禹吳公漢伏公湛宋公弘第五公倫牟公融袁公安李公固陳公寵橋公玄劉公寵崔公烈胡公廣王公龔楊公彪荀公爽皇甫公嵩董公卓曹公操非其在三公之位則無有書公者三國志若漢之諸葛公亮魏之司馬公懿吳之張公昭顧公雍陸公遜晉書若衛公瓘張公華王公導庾公亮陶公侃謝公安桓公溫劉公裕之類非其在三公之位則無有書公者史至於唐而書公不必皆尊官洎乎今日誌狀之文人人得稱之矣吁何其濫與何其偽與本朝若鄭端簡名臣記至無人不稱公非史體矣

大雅古公亶父箋曰諸侯之臣稱君曰公白虎通曰臣子於其國中皆褒其君爲公詩曰乃命魯公俾侯于東公者魯人之稱侯者周室之爵

秦誓公曰嗟我士聽無譁夫秦誓之書公與春秋之書秦伯不已異乎曰春秋以道名分五等之爵班之天子不容僭差若秦誓本國之書孔子因其舊文而已公之媚子從公于狩亦秦人之詩也

平王以後諸侯通稱爲公則有不必專於本國者矣碩人之詩曰譚公維私左傳鄭莊公之言曰無寧茲許公復奉其社稷

周之盛時亦有群公之稱見於康王之誥及詩之雲漢此猶

五等之君春秋書之通曰諸侯也

左傳自王卿而下無書公者惟楚有之其君已僭爲王則臣亦僭爲公宣十一年所謂諸侯縣公皆慶寡人者也漢書沛公註孟康曰楚舊僭稱王其縣宰爲公淮南子魯陽公注楚之縣公也楚僭號稱王其守縣大夫皆稱公傳中如葉公析公申公鄖公蔡公息公商公期思公並邊中國曰公邊吳蓋尊其名以重邊邑呂氏春秋楚又有卑梁公戰國策楚又有宛公新城公而秦有鹿公索隱曰蓋鹿邑公更失其姓名楚漢之際有滕公戚公柘公薛公剡公蕭公陳公魏公留公方與公高祖初稱沛公太上皇父稱豐公皆楚之遺名左傳齊亦有邢公棠公此縣公之公也御史監郡者亦稱監公見曹相國世家有失其名而公之者史記秦始皇紀侯公項羽紀樅公侯

公高祖紀單父人呂公新城三老董公孝文紀太倉令淳于公天官書甘公封禪書申公齊人丁公曹相國世家膠西蓋公留侯世家東園公夏黃公穰侯傳其客宋公信陵君傳毛公薛公賈生傳河南守吳公張敖傳中大夫泄公黥布傳故楚令尹薛公季布傳毋弟丁公鼂錯傳謁者僕射鄧公鄭當時傳下邽翟公酷吏傳河東守勝屠公貨殖傳朱公任公漢書高帝紀終公藝文志蔡公毛公樂人竇公黃公毛公皇公張耳陳餘傳范陽令徐公甘公劉歆傳魯國桓公趙國貫公周昌傳趙人方與公武五子傳瑕丘江公王襄傳九江被公于定國傳其父于公翟方進傳方進父翟公儒林傳免中徐公博士江公食子公淄川任公

皓星公　游俠傳故人呂公茂陵守令尹公皆失其名而公之若鄭君盧生之比本朝實録於孝慈高皇后之父亦不知其名謂之馬公是史之闕文非正書也史記高帝紀呂公註崔浩云史失其名但舉姓而言公漢書高帝紀註應劭曰樅公者不知其名故曰公註家發其例於此餘並不註太史公者司馬遷稱其父談故尊而公之也

有尊老而公之者戰國策孟嘗君問馮公有親乎史記文帝謂馮唐公柰何衆辱我是也漢書溝洫志趙中大夫白公師古曰蓋相呼尊老之稱項籍傳南公服虔曰南方之老人也睦弘傳東平嬴公師古曰長老之號元后傳元賊建公服虔曰年老者也吴志程普傳普最年長時人皆呼程公方言　尊老周晉秦隴謂之公晉書樂志項伯語項

莊曰公莫古人相呼曰公

漢書何武傳號爲煩碎不稱賢公後漢書李固傳京師咸歎曰是復爲李公矣宦者傳种暠爲司徒告賓客曰今身爲公乃曹常侍力焉魏志王粲傳蔡邕聞粲在門倒屣迎之曰此王公孫也晉書陳騫傳對父矯曰主上明聖大人大臣今若不合意不過不作公耳魏舒傳夜聞人問寢者爲誰曰魏公舒舒自知當爲公矣陸暐傳從兄機每稱之曰我家世不乏公矣王猛傳父老曰王公何緣拜也北史鄭述祖傳少時在鄉單馬出行忽有騎者數百見述祖皆大夫曰公在此陶淵明孟長史傳從父太常夔嘗問光祿大夫劉耽孟君若在當已作公否答云此本是三司人是

知南北朝以前人語必三公方得稱公也周書姚僧垣傳宣帝嘗從容謂僧垣曰嘗聞先帝呼公爲姚公有之乎對曰臣曲荷殊私實如聖旨帝曰此是尚齒之辭非爲貴爵之號朕當爲公建國開家爲子孫永業乃封長壽縣公邑一千戶

孔融告高密縣爲鄭玄特立一鄉曰鄭公鄉以爲公者仁德之正號不必三事大夫此是曲說據其所引皆史失其名之公而太史公又父子之辭也戰國策陳軫將之魏其子陳應止其公之行史記留侯世家吾惟豎子固不足遣乃公自行耳此皆謂父爲公宋書顏延之傳何偃路中遥呼延之曰顏公延之荅曰身非三公之位又非田舍之公

又非君家阿公何以見呼爲公北濟書徐之才傳鄭道育嘗戲之才爲師公之才曰既爲汝師又爲汝公在三之義頓居其兩

陸雲作祖父誄曰吳丞相陸公誄曰維赤烏八年二月粤乙卯吳故使持節郢州牧左都護丞相江陵郡侯陸公薨曰故散騎常侍陸府君誄曰維太康五年夏四月丙申晉故散騎常侍吳郡陸君卒王沈祭其父曰孝子沈敢昭告烈考東郡君張說作其父贈丹州刺史先府君墓誌每稱必曰君然則雖已之先人亦不一槪稱公古人之謹於分也

史記鼂錯傳錯父從頴川來謂錯曰上初即位公爲政用

事侵削諸侯人口議多怨公者是以父而呼子為公徐孚達曰御史大夫三公也錯父呼錯為公蓋以官稱之

沙門亦有稱公者必以其名冠之深公法深也林公道林也遠公惠遠也生公道生也猷公道猷也隆公慧隆也誌公寶誌也澄公佛圖澄也安公道安也什公鳩摩羅什也當時之人嫌於直斥其名故加一公字古沙門皆稱名世說詮安大吐珠玉於前斌亮振金聲於後皆名世也梁陳以下僧乃有字而人相與字之字之則不復公之矣

宋史豐稷駁宋用臣謚議曰凡稱公者須耆宿大臣及鄉黨有德之士然則今之宦豎而稱公亦不可出於士大夫之口孫升談圃有朝士在中書稱李憲孚荊公厲聲叱之曰是何人即出為監當

古人不以甲子名歲

爾雅疏曰甲至癸為十日日為陽寅至丑為十二辰辰為陰此二十二名古人用以紀日不以紀歲歲則自有閼逢至昭陽十名為歲陽攝提格至赤奮若十二名為歲名周禮硩蔟氏十日十有二辰十有二月十有二歲之號註日謂從甲至癸辰謂從子至亥月謂從陬至荼歲謂從攝提格至赤奮若後人謂甲子歲癸亥歲非古也自漢以前初不假借史記歷書太初元年年名焉即閼字逢攝提格月名畢聚陬日得甲子夜半朔旦冬至其辨晰如此若呂氏春秋序意篇維秦八年歲在涒灘秋甲子朔賈誼鵩賦單閼之歲兮四月孟夏庚子日斜兮服集予舍許氏說文後敘粵在永元困頓之年孟陬之月朔日甲子亦皆用歲陽歲名不與日

同之證漢書郊祀歌天馬徠執徐時謂武帝太初四年歲在庚辰兵誅大宛也資治通鑑周紀一起著雍攝提格盡玄黓困敦亦用古法自經學日衰人趨簡便乃以甲子至癸亥代之子曰觚不觚此之謂矣

宋劉恕通鑑外紀目録序曰庖犧前後逮周厲王疑年茫昧借日名甲子以紀之是則歲之稱甲子也借也何始乎自亡新始也王莽下書言始建國五年歲在壽星填在明堂倉龍癸酉德在中宮又言天鳳七年歲在大梁倉龍庚辰厥明年歲在實沈倉龍辛巳隋書律歷志王莽銅罐銘曰歲在大梁龍集戊辰又曰龍在己巳歲在實沈是也自此後漢書張純傳言攝提之歲倉龍甲寅朱穆傳言明年

丁亥之歲荀悅漢紀言漢元年實乙未也曹娥碑亦云元嘉元年青龍在辛卯蜀郡造橋碑云維延熹龍在甲辰而張角訛言蒼天已死黃天當立歲在甲子天下大吉以白土書京城寺門及州郡官府皆作甲子字矣

以甲子名歲雖自東漢以下然其時制詔章奏符檄之文皆未嘗正用之其稱歲必曰元年二年其稱日乃用甲子乙卯知己亥格庚戌制壬午兵之類皆日也宋書武帝紀有癸卯梓材庚子皮毛亦皆下詔之日惟晉書王廙上疏言臣以壬申歲見用爲鄱陽内史按懷帝以永嘉元年辛未爲劉聰所執愍帝以建興元年癸酉即位中間一年無天子故言壬申歲也後代之人無大故而效之非也李暠上表亦云臣去乙巳歲暠當時改元庚子不用晉年號晉書中

以甲子名歲者僅此而見

自三國鼎立天光分曜而後文人多舍年號而稱甲子魏程曉贈傅休奕詩龍集甲子四時成歲晉張華感婚賦方今歲在己巳將次四仲陸機愍懷太子誄龍集庚戌日月改度陶潛祭從弟敬遠文歲在辛亥月維仲秋自祭文歲維丁卯律中無射後周庾信哀江南賦粵以戊辰之年建亥之月而梁陶隱居真誥亦書己卯歲至杜預左傳集解後序則追言魏哀王二十年太歲在壬戌矣吳後主國山封禪文旃蒙協合之歲月次陬訾之會日惟重光大淵獻日當言辛亥而用歲陽歲名則又失之晉惠帝時廬江杜嵩作壬子春秋壬子元康二年賈后殺楊太后于金城墉之歲

唐人有以豫書而不稱年號者舊唐書禮儀志曰請以開元二十七年已卯四月禘至辛巳年十月祫至甲申年四月又禘至丙戌年十月又祫至己丑年四月又禘至辛卯年十月又祫其辛巳以下不言開元某年又博古圖載唐鑑銘曰武德五年歲次壬午八月十五日甲子楊州總管府造青銅鏡一面充癸未年元正朝貢其癸未亦不言武德六年者當時屢改年號故也此一鑑而有正書有豫書之不同亦變例也

史家之文必以日繫月以月繫年鐘鼎之文則不盡然多有月而不年日而不月者六經中亦有之如詩吉日庚午是也商毋乙卣其文曰丙寅王錫口貝朋用作毋乙彝丙寅者日也博古圖乃

謂高建國始於庚戌歷十七年而有丙寅在仲壬即位之三年則鑿矣豈非迷於後世之以甲子名歲而欲以追加之古人乎

春秋之世各國皆自紀其元發之於言或參互而不易曉則有舉其年之大事而爲言者若曰會於沙隨之歲叔仲惠伯會郤成子于承匡之歲鑄刑書之歲晉韓宣子爲政聘于諸侯之歲是也如淇梁之明年亦是又有舉歲星而言若曰歲五及鶉火歲及大梁歲在娵訾之口者從後人言之則何不曰甲子也癸亥也是知古人不用以紀歲也

太祖實録自吴元年以前皆書干支不合古法太祖當時實奉宋小明王之號故有言豈紀龍鳳者考之史記高帝

之初不稱楚懷王元年而稱秦二年三年又太祖御製滁州龍潭碑文云元末帝至正十有四年竊意其時天下尚是元之天下書至正正合史記書秦之例（今續綱目書至正）又有兼書者漢書功臣侯表序漢興自秦二世元年之秋楚陳之歲是也

史家追紀日月之法

或曰鑄刑書之歲是則然矣其下云齊燕平之月又曰其明月則何以不直言正月二月乎曰此正史家文字縝密處史之文有正紀有追紀其上曰春王正月暨齊平二月戊午盟于濡上正紀也此曰齊燕平之月壬寅公孫段卒其明月子產立公孫洩及良止以撫之追紀也追紀而再

云正月二月則嫌於一歲之中而有兩正月二月也故變其文而云古人史法之密也

左傳追紀之文不止此如襄公六年傳鄭子国之來聘也四月晏弱城東陽而遂圍萊甲寅堙之環城傅于堞及杞桓公卒之月乙未王湫師師及正輿子棠人軍齊師齊師大敗之丁未入萊萊共公浮柔奔棠正輿子王湫奔莒莒人殺之四月陳無宇獻萊宗器于襄公晏弱圍棠十一月丙辰而滅之七年傳鄭僖公之為大子也於成之十六年與子罕適晋不禮焉又與子豐適楚亦不禮焉及其元年朝于晋子豐欲愬諸晋而廢之子罕止之十九年傳於四月丁未鄭公孫蠆卒赴於晋大夫二十五年傳會于夷儀之

歲齊人城郟其五月秦晋爲成二十六年傳齊人城郟之歲其夏齊烏餘以廪丘奔晋三十一年傳公薨之月子産相鄭伯以如晋昭公七年傳齊師還自燕之月罕朔殺罕魋又晋韓宣子爲政聘于諸侯之歲婤姶生子名之曰元皆是追紀之如書金縢旣克商二年王有疾弗豫亦追紀也

史家日月不必順序

古人作史取其事之相屬不論月日故有追書有竟書左傳成公十六年鄢陵之戰先書甲午晦後書癸巳甲午爲正書而癸巳則因後事而追書也昭公十三年平丘之盟先書甲戌後書癸酉甲戌爲正書而癸酉則因後事而追

書也昭公十三年楚靈王之殺先書五月癸亥後書乙卯丙辰乙卯丙辰爲正書而五月癸亥則因前事而竟書也蓋史家之文常患爲月日所拘而事不得以相連屬故古人立此變例

有先書以起事者通鑑唐文宗太和九年十一月先書是月戊辰王守澄葬於滻水於壬戌癸亥之前是也

重書日

春秋桓公十二年書丙戌公會鄭伯盟于武父丙戌衛侯晉卒重書日者二事皆當繫日先書公者先内而後外也邵國賢曰二丙戌一是即書一是追書即書者紀事之職追書者承赴之體後人作史凡一日再書則云是日

古人必以日月繫年

自春秋以下紀載之文必以日繫月以月繫時以時繫年此史家之常法也史記伍子胥傳己卯楚昭王出奔庚辰吳王入郢則不月而日刺客傳四月丙子光伏甲士於窟室中則不年而月史家之變例也蓋二事已見於吳楚二世家故其文從省

楚辭攝提貞于孟陬兮維庚寅吾以降攝提歲也孟陬月也庚寅日也屈子以寅年寅月庚寅日生王逸章句曰太歲在寅曰攝提格孟始也正月爲陬言己以太歲在寅正月始春庚寅之日下母之體而生是也或謂攝提星名天官書所謂直斗柄所指以建時節者非也豈有自述其世

系生辰乃不言年而止言月日者哉長洲文待詔徵明以庚寅歲生刻一印章曰維庚寅吾以降意謂與屈大夫同年非也屈子之云庚寅者日也使以歲言無論古人不以甲子名歲旦使屈子生於庚寅至楚懷王被執于秦壬戌之歲年僅三十有三何以云老冉冉其將至乎

古無一日分爲十二時

古無以一日分爲十二時之說洪範言歲月日不言時周禮馮相氏掌十有二歲十有二月十有二辰十日二十有八星之位不言時屈子自序其生年月日不及時呂才祿命書亦止言年月日不及時李虛中以人生年月日所直支干推人禍福生死百不失一初不用時也自宋而後乃并其時參合之謂之八字見謝肇淛五雜俎　後周蘇綽作大誥曰王省惟歲卿士惟月庶尹惟日御事惟時古無所謂時凡言時若堯典之四時左氏傳之三時桓公六年

三時不害皆謂春夏秋冬也故士文伯對晉侯以歲時日月星辰謂之六物荀子曰積微月不勝日時不勝月歲不勝時亦謂春夏秋冬也自漢以下曆法漸密於是以一日分為十二時蓋不知始於何人而至今遵用不廢

一日之中所以分紀其時者曰日中曰晝日曰日昃見於易曰東方未明曰會朝曰日之方中曰昏曰夕曰宵見於詩曰昧爽曰朝曰日中昃見於書曰朝時曰日中曰夕時曰鷄初鳴曰旦曰質明曰大昕曰晏朝曰昏曰日出曰日側曰見日曰逮日見於禮爾雅疏日入後二刻半為昏曰鷄鳴曰日中曰晝曰日下昃曰日昳曰日入曰夜曰夜中見於春秋傳曰鼂曰薄暮曰黄昏見於楚辭紀晝則用日史記項羽傳

項王乃西從蕭晨擊漢軍而東至彭城日中大破漢軍吕后紀八月庚申旦平陽侯窋見相國産計事日餔時遂擊産彭越傳旦日日出十餘人後從者至日中淮南王安傳旦受詔日食時上漢書五行志日中時食從東北過半晡時復時晡食從西北日下晡時復武五子昌邑王傳夜漏未盡一刻以火發書其日中賀發晡時至定陶東方朔傳微行以夜漏下十刻乃出旦明入山下是也紀夜則用星詩之言三星在天三星在隅三星在戶春秋傳之言降婁中而旦是也周禮司寤氏以星分夜不辨星則分言其夜曰夜中曰夜半曰夜鄉晨是也分言其分而不詳於是有五分其夜而言甲乙丙丁戊者周禮司寤氏掌夜時註夜時謂夜晚

早若今甲乙至戊顏氏家訓或問一夜何故五更荅曰漢魏以來謂爲甲夜乙夜丙夜丁夜戊夜亦云一更二更三更四更五更皆以五爲節所以然者假令正月建寅斗柄夕則指寅曉則指午矣自寅至午凡歷五辰冬夏之月雖復長短參差然辰間遼闊盈不至六縮不至四進退長在五者之間更歷也經也故曰五更尔漢書西域傳杜欽曰斥候士五分夜擊刁斗自守天文志本始元年四月壬戌甲夜地節元年正月戊午乙夜六月戊戌甲夜三國志曹爽傳自甲夜至五更爽乃投刀于地晉書趙王倫傳期四月三日丙夜一籌以鼓聲爲應是也五分其夜而不詳於是有言漏上幾刻者五行志晨漏未盡三刻有兩月重見又云漏上四刻半乃頗有光禮儀志夜漏未盡七刻鐘鳴受賀東方朔傳微行以夜漏上十刻迺出王尊傳漏上十四刻行臨到外戚傳晝漏上十刻而

崩又云夜漏上五刻持兒與舜會東交掖門自南北史以上皆然故素問曰一日一夜五分之隋志曰晝有朝有禺有中有晡有夕夜有甲乙丙丁戊而無十二時之目也唯歷書云鷄三號卒明撫干二節卒于丑而下文却云朔旦冬至正北又云正北正西正南正東不直言子酉午卯漢書五行志言日加辰巳又言時加未翼奉傳言日加申又言時加卯王莽傳天文郎按栻於前日時加某莽旋席隨斗柄而坐而吳越春秋亦云今日甲子時加于巳周髀經亦有加卯加酉之年若紀事之文無用此者南齊書天文志始有子時丑時亥時北齊書南陽王綽傳有景時午時景時者丙時也左氏傳卜楚丘曰日之數十故有十時而杜元凱註則以

爲十二時雖不立十二支之目然其曰夜半者即今之所謂子也鷄鳴者丑也平旦者寅也日出者卯食時者辰也隅中者巳也中日者午也日昳者未也晡時者申也日入者酉也黄昏者戌也人定者亥也一日分爲十二始見於此考之史記天官書曰旦至食食至日昳日昳至晡〻至下晡下晡至日入素問藏氣法時論有曰夜半曰平旦曰日出曰日中曰日昳曰下晡王冰註以日昳爲土王下晡爲金王又有曰四季者註云王土是今人所謂丑辰未戌四時也吳越春秋有曰時加日出時加鷄鳴時加日昳時加禺中則此十二名古有之矣史記孝景紀五月丙戌地動其蚤食時復動漢書武五子傳　庱王胥傳奏酒至鷄鳴時罷王莽傳以鷄鳴爲時後漢書隗囂傳至昏

時遂潰圍齊武王傳至食時賜陳潰耿弇傳入定時步果引去來歙傳臣夜人定後爲何人所賊傷賓武傳自旦至食時兵降畧盡皇甫嵩傳夜勒兵鷄鳴馳赴其陳戰至晡時大破之晋書戴洋傳永昌元年四月庚辰禺中時有大風起自東南折木宋書符瑞志延康元年九月十日黄昏時月蝕熒惑過人定時熒惑出營室宿羽林皆用此十二時

淮南子曰日出於暘谷浴于咸池拂于扶桑是謂晨明登于扶桑之上爰始將行是謂朏明至于曲阿是謂朝明臨于曾泉是謂早食次于桑野是謂晏食臻于衡陽是謂禺中對于昆吾是謂正中靡于鳥次是謂小還至于悲谷是謂

晡時迴于女紀是謂大還經于泉隅是謂高舂頓于連石是謂下舂爰止羲和爰息六螭是謂懸車薄于虞泉是謂黄昏淪于蒙谷是謂定昏按此自晨明至定昏爲十五時而卜楚丘以爲十時未知今之所謂十二時者自何人定之也

素問中有言歲甲子者有言寅時者皆後人僞撰入之也

年月朔日子

今人謂日多曰日子日者初一初二之類是也子者甲子乙丑之類是也周禮職内註曰若言某月某日某甲詔書或言甲或言子乙也文選陳琳檄吳將校部曲文年月朔日子李周翰註曰子發檄時也漢人未有稱夜半為子時

此說見宋孔仲平孔氏雜說然彼竟謂即今之十二時之名矣

者誤矣古人文字年月之下必繫以朔必言朔之第幾日而又繫之干支故曰朔日子也如魯相瑛孔子廟碑云元嘉三年三月丙子朔廿七日壬寅又云永興元年六月甲辰朔十八日辛酉史晨孔子廟碑云建寧二年三月癸卯朔七日己酉樊毅復華下民租碑云光和二年十二月庚午朔十三日壬午也此日子之稱所自起考史家之文則則有子而無日春秋是也後書〻隗囂檄文曰漢復元年七月己酉朔己巳不言廿一日然在朔言朔在晦言晦而旁死魄哉生明之文見於尚書則有無日而書者矣

宋書禮志年月朔日甲子尚書令某甲下此古文移之式也陳琳檄文但省一田字耳

南史劉之遴與張纘等參校古本漢書稱永平十六年五月二十一日己酉郎班固而今本無上書年月日子隋書袁充上表稱實曆之元改元仁壽歲月日子還共誕聖之時

時有十二而但稱子猶之干支有六十而但稱甲子也漢人之文有即朔之日而必重書一日者廣漢太守沈子琚緜竹江堰碑云熹平五年五月辛酉朔一日辛酉綏民校尉熊君碑云建安二十一年十月丙寅朔一日丙寅此則緐而無用不若後人之簡矣

年號當從實書

正統之論始于習鑿齒不過帝漢而偽魏吴二國耳自編

年之書出而疑於年號之無所從而其論乃紛紜矣夫年號與正朔自不相關故周平王四十九年而孔子則書之爲魯隱公之元年何也春秋魯史也據其國之人所稱而書之故元年也晉之乘存則必以是年爲鄂侯之二年矣楚之檮杌存則必以是年爲武王之十九年矣觀左傳文公十七年鄭子家與晉韓宣子書曰寡君即位三年而其下文曰十二年十四年十五年則自稱其国之年也襄公二十二年少正公孫僑對晉之辭曰在晉先君悼公九年我寡君於是即位而其下文遂曰我二年我四年則兩稱其国之年也故如二國志則漢人傳中自用漢年號魏人傳中自用魏年號吳人傳中自用吳年號推之南北朝五

代遼金竝各自用其年號此之謂從實若病其難知只須別作年表一卷且王莽篡漢而班固作傳其於始建國天鳳地皇之號一一用以紀年蓋不得不以紀年非常之也後人作書乃以編年爲一大事而論世之學疏矣

春秋傳亦有用他國之年者齊襄公之二年鄭瞞伐齊註云齊桓公之十六年僖之四年子然卒簡之元年壬子孔卒註云鄭僖四年魯襄公六年鄭簡元年魯襄公八年

漢時諸侯王得自稱元年漢書諸侯王表楚王戊二十一年孝景三年楚元王傳亦云楚王延壽三十二年地節元年之類是也淮南天文訓淮南元年冬太乙一丙子謂淮南王安始立之年也註者不達乃曰淮南王作書之元年又曰淮

南王僭號此爲未讀史記漢書者矣（趙明誠金石錄有楚鐘銘惟王五十六祀之論正同此失）又考漢時不獨王也即列侯於其國中亦得自稱元年史記高祖功臣侯年表高祖六年平陽懿侯曹參元年孝惠六年靖侯窋元年孝文後四年簡侯奇元年是也呂氏考古圖周陽侯甗鍑銘曰周陽侯家銅三習甗鍑容五斗重十八斤六兩侯治國五年五月國鑄第四（呂大臨曰侯治國五年者自以侯受侯嗣位之年數也）文選魏都賦劉良註文昌殿前有鐘其銘曰惟魏四年歲次丙申龍次大火五月丙寅作蕤賓鐘魏四年者曹操爲魏公之四年漢獻帝之建安二十一年也元史順帝紀至正二十八年乃大明洪武元年也直書二

十八年自是以下書曰後一年曰又一年四月丙戌帝殂于應昌是時我太祖即位三年而猶書元主曰帝且不以本朝之年號加之深得史法疑此出於聖裁不獨宋王二公之能守古法也宋史馬廷鸞傳瀛國公即位召不至自罷相歸又十七年而薨甚爲得體然其他傳後有書至元者

英宗命儒臣修續通鑑綱目亦書元順帝至正二十七年不書吳元年

史書一年兩號

古時人主改元竝從下詔之日爲始未嘗追改以前之月日也魏志三少帝紀上書嘉平六年十月庚寅下書正元元年十月壬辰吳志三嗣主傳上書太平三年十月己卯

景寅即丙寅是矣

下書永安元年十月壬午晉書武帝紀上書魏咸熙三年十一月下書泰始元年十二月景寅宋書武帝紀上書晉元熙二年六月甲子下書永初元年六月丁卯文帝紀上書景平二年八月丙申下書元嘉元年八月丁酉明帝紀上書永光元年十二月庚申朔下書泰始元年十二月丙寅唐書高宗紀上書顯慶六年二月乙未下書龍朔元年三月丙申朔中宗紀上書神龍三年九月庚子下書景龍元年九月甲辰睿宗紀上書景龍四年七月己巳下書景雲元年七月己巳玄宗紀上書先天二年十二月庚寅朔下書開元元年十一月己亥韓文公順宗實録上書貞元二十一年八月庚子下書永貞元年八月辛丑若此之類

並是據實而書至司馬温公作通鑑患其棼錯乃刱新例必取末後一號冠諸春正月之前當時已有譏之者春秋定公元年不書正月杜氏曰公即位在六月故正義曰公未即位必不改元而於春夏即稱元年者未改之日必承前君之年於時春夏當名此年為昭公三十三年及六月既改之後方以元年紀事及史官定策須有一統不可半年從前半年從後雖則年初亦統此歲故入年即稱元年也漢魏以來雖於秋冬改元史於春夏即以元年冠之是有因於古也按温公通鑑是用此例然有不可通者春秋於昭公三十三年之春而即書定公元年者昭公已薨於上年之十二月矣若漢獻帝延康元年十月始禪於

以去成此說殊爲不通文上云二年三月下云上崩明皓上字似指代王侑矣

魏而正月之初漢帝尚存即加以魏文黄初之號則非春秋之義矣豈有舊君尚在當時之人皆稟其正朔而後之爲史者顧乃追奪之乎

史家變亂年號始自隋書大業十二年十一月景及唐公入京師辛酉遥尊帝爲太上皇立代王侑爲帝改元義寧而下即書云二年三月右屯衛將軍宇文化及等作亂上崩於温室按此大業十三年煬帝在江都而蒙以代王長安之號甚爲無理作史者唐臣不得不爾然於煬帝紀書十三年於恭帝紀書二年兩從其實似亦未害

本朝太宗實録上書四年六月己巳下書洪武三十五年六月庚午正是史官實書與前代合但不明書建文年號

後人因謂之革除耳英宗實錄上書景泰八年正月辛巳下書天順元年正月壬午旬有六日而不沒其實且如萬曆四十八年九月以後爲泰昌元年若依温公例取泰昌之號冠於四十八年春正月之前則詔令文移一一皆當追改且上誣先皇矣故紀年之法從古爲正不以一年兩號三號爲嫌

年號古今相同

水經注穀水下千金堨前云太和五年曹魏明帝之太和也後云朝廷太和中元魏孝文帝之太和也

割併年號

唐朝一帝改年號者十餘其見於文必全書無割取一字

用之者至宋始有熙豐政宣建紹乾淳之語已是不敬然猶一帝之號自相連屬無合兩帝而稱之者又必用上一字惟元豐以元字與元祐無别故用下字本朝文人有稱永宣成弘嘉隆合兩帝之號而為一稱天啓六年部疏稱正統正德為二正奉旨列聖年號昭然如何説二正近又有去上字而稱慶曆啓禎更為不通矣

地名割用一字如登萊如溫台則可如眞順廣大則不通矣然漢人已有之史記天官書勃碣海岱之間氣皆黒貨殖傳夫燕亦勃碣之間一都會也註云勃海碣石漢書王莽傳成命於巴宕並云巴郡宕渠縣魏晋以下始多此語常璩華陽國志分巴割蜀以成犍廣是犍為廣漢二郡左

思蜀都賦跨躡犍牂是犍為牂牁二郡魏都賦恒碣碪碍于青霄是恒山碣石二山人名割用一字者左傳以太皞濟水為皞濟僖二十一年史記以黃帝老子為黃老曹相國世家張釋之丙叔魏其鄭當時列傳以王喬赤松子為喬松蔡澤傳以伊尹管仲為伊管鄒陽傳以絳侯灌嬰為絳灌賈生傳

孫氏西齋録

唐人作書無所回避孫樵所作西齋録乃是私史至於起王氏已廢之魂上配天皇除高后擅政之年下繫中宗大義凜然視孔子之溝昭墓道不書定正而抑且過之矣此說本之沈既濟駁吳兢史議謂當併天后於孝和紀每

歲書某年春正月皇帝在房陵太后行某事改某制則紀稱孝和而事述太后名禮兩得至於姓氏名諱入宮之繇歷位之資及才藝智畧年辰崩葬别纂入皇后傳列於廢后王庶人之下題其篇曰則天順聖武皇后云事雖不行而史氏稱之其後宋范祖禹作唐鑑竟用此書法

通鑑書改元

晉書載記十六國時嗣位改元者皆在本年此史家取便序事連屬書之其實皆改明年元也不容十國之中數十主皆不踰年而改元者也

金石錄據趙橫山李君神碑石虎建武六年歲在庚子與載記合若從帝紀則建武六年當是己亥今此碑與西門

劉祠殿基記皆是庚子以此知帝紀之失此是差一年之證然載記亦不盡合昔人作史但存其年號而已初不屑於歲月也

續綱目景炎三年五月以後爲帝昺祥興元年非也黄溍番禺客語改元在明年正月己酉朔蓋亦是即位之初改明年元耳史家省文即繫於明前年月日之下曰改元祥興以此推十六國事必當同此

後元年

漢文帝後元年景帝中元年後元年當時只是改爲元年後人追紀之爲中爲後耳若武帝之後元元年則自名之爲後光武之中元元年梁武帝之中大通元年中大同元

年則自名之爲中不可一例論也
元順帝至元元年重用世祖之號後人追紀之則曰後至
元元年

李茂貞稱秦王用天祐年號

通鑑後唐莊宗同光二年封岐王李茂貞爲秦王比得薛
昌序所撰鳳翔法門寺碑天祐十九年建而其文已稱秦
王則前乎同光之二年矣蓋必茂貞所自稱又史言茂貞
奉天祐年號此碑之末亦書天祐十九年而篇中歷述前
事則竝以天復紀年至天復二十年止亦與史不合
五代史李彥威傳㝎時昭宗改元天祐遷於東都爲梁所
迫而晉人蜀人以爲天祐之號非唐所建不復稱之但稱

天復前蜀世家則云建與唐隔絶而不知故仍稱天復其説不同按此碑則蜀人亦稱天復史失之也又今陽城縣有後蜀顯德二年徐綸撰龍泉禪院記内述天祐十九年按此地本屬梁此記乃追削梁號而改稱天祐者

通鑑書葬

通鑑書外國之葬如晋紀義熙六年九月下云甲寅葬魏主珪於盛樂于金陵不言魏葬而言葬魏或以為倣春秋之文愚以為非也春秋書葬宋穆公葬衛桓公之類皆魯遣其臣會葬故為此文（徐邈曰凡書葬者據我而言葬）若南北朝時本国自葬則當書魏葬如宋紀景平元年十二月庚子魏葬明

元帝於金陵元嘉二十九年三月辛卯魏葬太武皇帝於金陵則得之矣

通鑑書閏月

通鑑書閏月而不著其爲何月謂倣春秋之法非也春秋時閏未有不在歲終者自太初律行每月皆可置閏若不著其爲何月或上月無事則後之讀者必費於追尋矣新唐書亦然惟高宗顯慶二年正月無事乃書曰閏正月壬寅如洛陽宫

史書人君未即位

史書人君未即位之例左傳晉文公未入國稱公子已入國稱公史記漢高帝未帝稱漢王未王稱沛公

五年将戰垓下而曰皇帝在後絳侯柴将軍在皇帝後至其下文乃曰諸侯一將相相與共尊漢王爲皇帝於言爲不順矣

沈約作宋書於本紀第十巻順帝昇明三年四月壬申始書進齊公爵爲齊王而前第八巻明帝泰始四年七月庚申已書以驍騎将軍齊王爲南兗州刺史自此以下齊王之號累見於篇此言之不順也蕭子顯南齊書亦同此例

史書一人先後歷官

漢書溝洫志先稱博士許商次稱将作大匠許商後稱河隄都尉許商此書一人而先後歷官不同之法

書君奭我聞在昔成湯既受命時則有若伊尹格于皇天

在太甲時則有若保衡伊尹保衡一人也湯時未爲保衡至太甲時始爲此官故變文以稱之也

史書郡縣同名

漢時縣有同名者大抵加東西南北上下字以為別蓋本於春秋之法燕國有二則一稱北燕邾國有二則一稱小邾是其例也若郡縣同名而不同地則於縣必加一小字沛郡不治沛沛治相故書沛縣爲小沛廣陽國不治廣陽治薊故書廣陽縣爲小廣陽丹陽郡不治丹陽治宛陵故書丹陽縣爲小丹陽（今順天府保定縣稱小保定寧國府太平縣稱小太平）後人作史多混書之而無別矣

郡國改名

後漢書光武紀建武六年春正月丙辰改舂陵鄉爲章陵縣十七年冬十月甲申幸章陵修園廟祠舊宅又云乃悉爲舂陵宗室起祠堂上言章陵見名也下言舂陵本舂陵侯之宗室不可因縣名而追改之也此史家用字之密也

史記南越王尉佗者眞定人也此未當當曰東垣人盧綰傳高帝十一年冬更東垣爲眞定儒林傳漢興田何以齊田徙杜陵師古曰初徙時未爲杜陵蓋史家追言之也

漢書夏侯勝傳夏侯勝字長公初魯共王分魯西寧鄉以封子節侯別屬大河大河後更名東平故勝爲東平人趙廣漢傳趙廣漢字子都涿郡蠡吾人也故屬河間後漢書黨錮傳劉祐中山安國人也安國後別屬博陵夏侯湛東

方朔畫像賛大夫諱朔字曼倩平原厭次人也魏建安中分厭次以為樂陵郡故又為郡人焉此郡國改名之例

史書人同姓名

史記漢高帝時有兩韓信則别之曰韓王信漢王莽時有兩劉歆則别之曰國師劉歆此其法本於春秋左氏傳襄公二十五年齊崔杼弑其君光事中有賈舉則别之曰侍人賈舉

金史有二訛可曰草〻訛可曰板子訛可有三婁室曰大婁室曰中婁室曰小婁室

述古

凡述古人之言必當引其立言之人古人又述古人之言

則兩引之不可襲以爲已説也詩曰自古在昔先民有作程正叔傳易未濟三陽皆失位而曰斯義也聞之成都隱者是則時人之言而亦不敢没其人君子之謙也然後可與進於學

引古必用原文

凡引前人之言必用原文水經注引盛弘之荆州記曰江中有九十九洲楚諺云洲不百故不出王者桓玄有問鼎之志乃增一洲以充百數僣號數旬宗滅身屠及其傾敗洲亦消毀今上在西忽有一洲自生沙流迴薄成不淹時其後未幾龍飛江漢矣注乃北魏酈道元作而記中所指今上則南宋文帝以宜都王即帝位之事古人不以爲嫌

引書用意

書泰誓受有億兆夷人離心離德予有亂臣十人同心同德左傳引之則曰大誓所謂商兆民離周十人同者衆也（成元年）淮南子舜釣於河濱期年而漁者爭處湍瀨以曲隈深潭相予爾雅註引之則曰漁者不爭隈此皆畧其文而用其意也

文章推服古人

韓退之文起八代之衰於駢偶聲律之文宜不屑爲而其滕王閣記推許王勃所爲序且曰竊喜載名其上詞列三王之次有榮耀焉李太白黃鶴樓詩曰眼前有景道不得崔顥題詩在上頭所謂自古在昔先民有作者也今之好

譏訶古人翻駁舊作者其人之宅心可知矣

宋洪邁從孫倬丞宣城自作題名記邁告之曰他文尚可隨力工拙下筆如此記豈宂氾不避哉蓋以韓文公有藍田縣丞廳壁記故也夫以題目之同於文公而以爲犯不避昔人之謹厚何如哉

史書下兩曰字

註疏家凡引書下一曰字引書之中又引書則下一云字云曰一義變文以便讀也此出於論語牢曰子云是也若史家記載之辭可下兩曰字尚書多方周公曰王若曰是也孟子書多有兩曰字如公都子曰告子曰公孫丑問曰高子曰公孫丑曰伊尹曰公孫丑曰詩曰

書家凡例

古人著書凡例即隨事載之書中左傳中言凡者皆凡例也易乾坤二卦用九用六者亦凡例也

分題

古人作書於一篇之中有分題則標篇題於首而列分題於下如爾雅釋天一篇下列四時祥災歲陽歲名月陽月名風雨星名祭名講武旌旂呂氏春秋孟春紀第一下列正月紀本生重己貴公去私是也疏家謂之題上事謂標題上文之事若周公踐阼及詩篇章句皆篇末題之故此亦爾今按禮記文王世子篇有曰文王之爲世子也有曰教世子有曰周公踐阼樂記篇有曰子貢問樂亦同此例後人誤連於本文　又如漢書禮樂志郊祀歌練時日一

帝臨二凡十九首　著其名於本章之末安世房中歌桂華美芳二題傳寫之誤遂以從爾雅釋親一篇石經本宗族二字在晜弟也之後母黨二字在從母姊妹之後妻黨二字在為娣婦之後婚姻二字在吾謂之甥也之後今國子監刻本皆改之

日知録卷之二十二

作詩之旨

舜曰詩言志此詩之本也王制命太師陳詩以观民風此詩之用也荀子論小雅曰疾今之政以思往者其言有文焉其聲有哀焉此詩之情也故詩者王者之迹也建安以下洎乎齊梁所謂辭人之賦麗以淫而於作詩之旨失之遠矣

唐白居易与元微之書曰年齒漸長閱事漸多每與人言多詢時務每讀書史多求理道始知文章合為時而著歌詩合為事而作又自叙其詩關于美刺者謂之諷諭詩自比于梁鴻五噫之作而謂好其詩者鄧魴唐衢俱死吾与

足下又困躓豈六義四始之風天將破壞不可支持耶又不知天意不欲使下人病苦聞于上耶嗟乎可謂知立言之旨者矣

晉葛洪抱朴子曰古詩刺過失故有益而貴今詩純虛譽故有損而賤

詩不必人人皆作

古人之會君臣朋友不必人人作詩人各有能有不能不作詩何害若一人先倡而意已盡則亦無庸更續是以虞廷之上皐陶賡歌而禹益無聞古之聖人不肯為雷同之辭駢拇之作也栢梁之宴金谷之集必欲人人以詩鳴而蕪累之言始多于世矣

堯命曆而无歌文王演易而不作詩不聞後世之人譏其劣于舜与周公也孔子以斯文自任上接文王之統乃其事在六經而所自為歌止于龜山彼婦諸作何寥寥也其不能与夫我則不暇与

宋邵博聞見後録曰李習之与韓退之孟東野善習之于文退之所敬也退之之与東野唱酬傾一時習之獨无詩退之不譏也石林詩話人之才力有限李翺皇甫湜皆韓退之高弟而二人獨不傳其詩不應散亡無一篇有者計或非其所長故不作耳二人以非所長而不作賢于世之不能而強為之者也尹師魯与歐陽永叔梅聖俞善師魯于文永叔所敬也永叔与聖俞唱酬傾一時師魯獨無詩永叔亦不譏也

五子之歌適得五章以為人各一章此文後人之見耳

渭陽秦世子送舅氏也而晉公子无一言尹吉甫作崧高之詩以贈申伯烝民之詩以贈仲山甫韓奕之詩以贈韓侯而三人者不聞其有答是知古人之詩不以无和答為嫌

詩題

三百篇之詩人大率詩成取其中一字二字三四字以名篇故十五國竝無一題惟頌中間一有之若常武美宣王也若勺若賚若般皆廟之樂也其後人取以名之者一篇曰巷伯自此而外無有也（雨無正篇韓詩篇首有雨无其極傷我稼穡二句）五言之興始自漢魏而十九首竝無題郊祀歌鐃歌曲各以篇首字為題又如王曹皆有七哀而不必同其情六子皆有

雜詩而不必同其義則亦猶之十九首也唐人以詩取士始有命題分韻之法而詩學衰矣

杜子美詩多取篇中字名之如不見李生久則以不見名篇近聞犬戎遠遁逃則以近聞名篇往在西京時則以往在名篇歷歷開元事則以歷歷名篇自平宮中呂太乙則以自平名篇客從南溟來則以客從名篇皆取首二字為題全無意義頗得古人之體

古人之詩有詩而後有題今人之詩有題而後有詩有詩而後有題者其詩本乎情有題而後有詩者其詩徇乎物

古人用韻無過十字

三百篇之詩句多則必轉韻古人但謂之音不謂之韻今始從借名之耳　觀晉

以上亦然宋齊以下韻學漸興人文趨巧于是有強用一韻到底者終不及古人之變化自然也

古人用韻無過十字者獨閟宮之四章乃用十二字使就此一韻引而伸之非不可以成章而于義必有不達故末四句轉一韻是知以韻從我者古人之詩也以我從韻者今人之詩也自杜拾遺韓吏部未免此病也

葉少林石林詩話曰長篇最難魏晉以前詩無過十韻者葢使人以意逆志初不以序事須盡為工至老杜述懷北征諸篇窮極筆力如太史公紀傳此固古今絶唱然八哀八篇本非集中高作而世多尊稱之不敢議如李邕蘇源明詩中極多累句余嘗痛刊去僅各取其半方為盡善然

古人之韻謂之從合拍[illegible]存之[illegible]韻也故易經皆自從之韻而求不可以韻從祝之說亦不必以韻語

此不可為不知者言也

詩主性情不貴奇巧唐以下人有强用一韻中字幾盡者有用險韻者有次人韻者皆是立意以此見巧便非詩之正格

且如孔子作易彖象傳其用韻有多有少未嘗一律亦有無韻者可知古人作文之法一韻無字則及他韻他韻不協則竟單行聖人無必無固于文見之矣

詩有無韻之句

詩以義為主音從之必盡一韻無可用之字然後旁通他韻又不得于他韻則寧无韻苟其義之至當而不可以他字易則無韻不害漢以上往往有之

詩不若經蓋古詩起句無不用韻者

暮投石壕村有吏夜捉人杜甫石壕吏詩兩韻也至當不可易下句云老翁踰墻走老婦出門看則無韻矣亦至當不可易古辭紫騮馬歌井有舂穀持作飯採葵持作羹二句無韻李太白天馬歌中有白雲在青天丘陵遠崔嵬二句無韻野田黄雀行首二句游莫逐炎洲翠棲莫近吴宫燕無韻行行且游獵篇首二句邊城兒多年不讀一字書無韻

五經中多有用韻

古人之文化工也自然而合于音則雖無韻之文而往往有韻苟其不然則雖有韻之文而時亦不用韻終不以韻而害意也三百篇之詩有韻之文也乃一章之中有二三句不用韻者如瞻彼洛矣維水泱泱之類是矣一篇之中

有全章不用韻者如思齊之四章五章召旻之四章是矣又有全篇無韻者周頌清廟維天之命昊天有成命時邁武諸篇是矣説者以為當有餘聲然以餘聲相協而不入正文此則所謂不以韻而害意者也孔子贊易十篇其彖象傳雜卦五篇用韻然其中無韻者亦十之一文言繫辞説卦序卦五篇不用韻然亦間有一二如鼓之以雷霆潤之以風雨日月運行一寒一暑乾道成男坤道成女君子知微知彰知柔知剛萬夫之望此所謂化工之文自然而合者固未嘗有心于用韻也尚書之體本不用韻而大禹謨帝德廣運乃聖乃神乃武乃文皇天眷命奄有四海為天下君伊訓聖謨洋洋嘉言孔彰惟上帝不常作善降之

百祥作不善降之百殃爾惟德罔小萬邦惟慶尔惟不德罔大隊厥宗太誓我武惟揚侵于之疆取彼凶殘我伐用張于湯有光洪範無偏無陂遵王之義無有作好遵王之道无有作惡遵王之路無偏無黨王道蕩蕩无党無偏王道平平无反无側王道正直皆用韻又如曲禮行前朱鳥而後玄武左青龍而右白虎招摇在上急繕其怒禮運玄酒在室醴醆在户粢醍在堂澄酒在下陳其犧牲備其鼎俎列其琴瑟管磬鐘鼓脩其祝嘏以降上神与其先祖以正君臣以篤父子以睦兄弟以齊上下夫婦有所是謂承天之祜樂記夫古者天地順而四時當民有德而五穀昌疾疢不作而無妖祥此之謂大當然後聖人作為父子君

臣以為紀綱中庸故君子不可以不脩身思脩身不可以不事親思事親不可以不知人思知人不可以不知天孟子師行而糧食饑者弗食勞者弗息睊睊胥讒民乃作慝方命虐民飲食若流流連荒亡為諸侯憂凡此之類在秦漢以前諸子書並有之太史公作贊亦時一用韻而漢人樂府詩反有不用韻者

易韻

易之有韻自文王始也凡卦辭之繫者時用韻蒙之瀆告鮮之復凡震之虩啞艮之身人是也至周公則辭愈繁而愈多用韻疑古卜辭當用韻若春秋傳所載懿氏之鏘姜卿京驪姬之渝羭蕕臭伯姬之衁貺償相姬旗師丘孤弧

姑逋家虛鄢陵之蹙目孫文子之陵雄衛侯之羊亡竇踰又如國語所載晉獻公之骨猾捽史記所載漢文帝之庚王光漢書元后傳所載晉史之雄乘崩興皆韻也故孔子作彖象得用韻蓋本經有韻而傳亦韻此是聖人述而不作以古為師而不苟也（郭璞註爾雅繹訓篇本經有韻註亦用韻）彖象傳猶今之箋註者折字分句以為訓也繫辭文言以下猶今之箋註於字曰明白之後取一章一篇全書之義而通論之也故其體不同

古詩用韻之法

古詩用韻之法大約有三首句次句連用韻隔第三句而於第四句用韻者關雎之首章是也凡漢以下詩及唐人

律詩之首句用韻者源于此一起即隔句用韻者卷耳之首章是也凡漢以下詩及唐人律詩之首句不用韻者源於此自首至末句〻用韻者若考槃清人還著十畝之間月出素冠諸篇又如卷耳之二章三章四章車攻之一章二章三章七章長發之一章二章三章四章五章是也凡漢以下詩若魏文帝燕歌行之類源于此自是而變則轉韻矣轉韻之始亦有連用隔用之別而錯綜變化不可以一體拘于是有上下各自為韻若兔罝及采薇之首章魚麗之前三章卷阿之首章者有首末自為一韻中間自為一韻若車攻之五章者有隔半章自為韻若生民之卒章者有首提二韻而下分二節承之若有瞽之篇者此皆詩

之變格然亦莫非出于自然非有意為之也

古人不忌重韻

杜子美作飲中八僊歌用三前二船二眠二天宋人疑古無此體遂欲分為八章以為必分為八而後可以重押韻無害也不知柏梁臺詩三之三治二哉二時二來二材已先之矣東川有杜鵑西川無杜鵑涪萬無杜鵑雲安有杜鵑求其說而不得則疑以為題下注不知古人未嘗忌重韻也故有四韻成章而唯用二字者胡為乎株林從夏南匪適株林從夏南是也有二韻成章而惟用一字者大人占之維熊維羆男子之祥維虺維蛇女子之祥是也有三韻成章而唯用一字者苟日新日日新又日新是也湯濩曰儀

八仙歌雖係一篇實分八解不可合亦不可分也柏梁臺詩一人一句一韻即此理也杜鵑四句實止一句即古樂府魚戲四句體耳

禮祭侯辭惟若寧侯毋或若女不寧侯左傳虞叔引証匹
夫无罪懷璧其罪曹子減引志聖達節次守節下失節晏
子引諺非宅是卜惟鄰是卜老子道可道非常道名可名
非常名史記天官書欸終日有兩有雲有風有日日當其
時者深而多實無雲有風日日當其時淺而多實有雲風口
旡日當其時深而少實皆古人以本字自為韻者也如

采薇首章連用二玁狁之故句正月一章連用二自口字
十月之交首章連用一而微字東韋三章連用二庶幾字
文王有聲首章連用二有聲字召旻卒章連用二百里字
又如行露首章起用露字末用露字又如簡兮卒章連用
三人字那連用三聲字其重一字者不可勝述漢以下亦
然如陌上桑詩二頭字二隅字二餘字二夫字二鬚字羅敷字在下句末三見焦仲卿妻作三語字三言字二由字二毋字二
取字二子字二歸字二之字二君字二門字又二言字蘇

武骨肉緣枝葉一首二人字結髮為夫婦一首二時字陳思王棄婦詞二庭字二靈字二鳴字二成字二寧字阮籍詠懷詩灼灼西隤日一首二歸字張協襍詩黑蜧躍重淵一首二生字謝靈運君子有所思行二歸字梁武帝擬孔子正言竟述懷詩二反字任昉哭范僕射詩二生字三情字沈約鍾山詩二足字然則重韻之有忌其在隋唐之代乎

諸葛孔明梁父吟云問是誰家墓田疆古冶子又云誰能為此謀國相齊晏子用二子字古人但取文理明當而已

初不避重字也今本或改作田疆古冶氏失之矣

潘岳秋興賦宵耿介而不寐兮獨展轉於華省悟時歲之

將相是泛指蕭相是人亦謝有意變亦同

遒盡兮慨俛首而自省用二省字

初唐詩最為嚴整而盧照鄰長安古意别有豪華稱將相轉日回天不相讓意氣由来排灌夫專權判不容蕭相用二相字今人謂必字同而義異者方可重用若此詩之二相固無異義也且詩曰王命南仲往城于方其下文又曰天子命我城彼朔方有何異義哉

李太白高陽歌二杯字廬山謡二長字杜子美織女詩二中字奉先縣詠懷二卒字两當縣吴十侍御江上宅二白字八哀詩張九齡一首二省字二境字園人送瓜二草字寄狄明府二儕字宿鑿石浦二繫字韓退之此日足可惜詩二光字二鳴字二更字二城字二狂字二江字王摩詰故太子

太師徐公輓歌重用二名字施之律詩則為非體

詩有以意轉而韻須重者如今夕何夕見此良人子兮子兮如此良人何嚶其鳴矣求其友聲相彼鳥矣猶求友聲有杕之杜其葉萋萋王事靡盬我心傷悲卉木萋止女心悲止於論鼓鐘於樂辟廱於論鼓鐘於樂辟廱又若公無渡河公竟渡河此皆承上文而轉者不容别换一字

七言之始

昔人謂招䰟夫招去其些只即是七言詩余考七言之興自漢以前固多有之如靈樞經刺節真邪篇凡刺小邪日以大補其不足乃無害視其所在迎之界凡刺寒邪日以温徐徃徐来致其神門户已閉氣不分虚實得調其氣存

二三四五六七八九言俱始于詩
孫亭曾細攷載可去去
不及詳

宋玉神女賦羅紈綺繢盛文章極服妙綵照萬方此皆七言之祖

素問八正神明論神乎神耳不聞目明心開而志先慧然獨悟口弗能言俱視獨見適若昏昭然獨明若風吹雲故曰神三部九候爲之原九鍼之論不必存其文絶似荀子成相篇

一言

緇衣三章章四句非也敝字一句還字一句若曰敝予還予則言之不順矣且何必一言之不可爲詩也

吳志歷陽山石文楚九州渚吳九州都楚字一句吳字一句亦是一言之詩

古人未有之格

語助之外止用四字成詩而四字皆韻古未之有也始見於莊子父邪母邪天乎人乎是也三章章各二句而合為一韻古未之有也始見於孟嘗君傳長鋏歸來乎食無魚長鋏歸來乎出無車長鋏歸來乎無以為家是也

古人不用長句成篇

古詩有八言者胡瞻爾庭有縣貆兮是也有九言者凜乎若朽索之馭六馬是也然無用為全章者不特以其不便於歌也長則意多冗字多懈其於文也亦難之矣以是知古人之文可止則止不肯以一意之冗一字之懈而累吾作詩之本義也（正義引顏延之云詩體無九言者將由聲度闡緩不協金石）知此義者

不特句法也章法可知矣七言排律所以從來少作〻亦不工者何也意多冗也字多懈也為七言者必使其不可裁而後工也此漢人所以難之也

詩用疊字

詩用疊字最難衛詩河水洋〻北流活〻施罛濊〻鱣鮪發〻葭菼揭〻庶姜孽〻連用六疊字可謂複而不厭賾而不亂矣古詩青〻河畔草鬱〻園中柳盈〻樓上女皎〻當窗牖娥〻紅粉粧纖〻出素手連用六叠字亦極自然下此即無人可繼

屈原九章悲回風紛容〻之無經兮罔芒芒之無紀軋洋〻之無從兮馳逶移之焉止漂翻〻其上下兮翼遙〻其

左右汜濔〻其前後兮佯張弛之信期連用六疊字宋玉九辯乘精氣之摶〻兮騖諸神之湛〻驂白霓之習〻兮歷羣靈之豐〻左朱雀之茇茇兮右蒼龍之躣〻屬雷師之闐〻兮通飛廉之衙〻前輕輬之鏘〻兮後輜乘之從〻載雲旗之委蛇兮扈屯騎之容〻連用十一疊字後人辭賦亦罕及之者

次韻

今人作詩動必次韻以此為難以此為巧吾謂其易而拙也且以律詩言之平聲通用三十韻之中任用一韻而必無他韻可易一韻數百字之中任押五字而必無他字可易名為易其實難矣先定五字而以上文湊足之文或未

順則曰牽于韻爾意或未滿則曰束於韻爾用事遣辞小見新巧即可擅場名為難其實易矣夫其巧於和人者其胷中本無詩而拙於自言者也故難易巧拙之論破而次韻之風可少衰也

嚴滄浪詩話曰和韻最害人詩古人酬唱不次韻此風始盛于元白皮陸本朝諸賢乃以此而鬪工遂至往複有八九和者

按唐元稹上令狐相公啓曰稹与同門生白居易友善居易雅能詩就中愛驅駕文字窮極聲韻或為千言或為五百言律詩以相投寄小生自審不能有以過之往々戲排舊韻別創新詞名為次韻蓋欲以難相挑耳江湖間為詩者

或相倣斆或力不足則至于顛倒語言重複首尾韻同意等不異前篇亦自為元和詩體而司文者考變雅之由往〻婦咎于稹是知元白作詩次韻之初本自以為戲而當時即已取譏于人今人乃為之而不厭又元白之所鄙而不屑者矣

歐陽公集古録論唐薛華唱和詩曰（唐書薛華河中寶鼎人長于詩）其間馮宿馮定李紳皆唐顯人灵澈以詩名後世然詩皆不及華蓋倡者得于自然和者牽於強作可謂知言

朱子答謝成之書謂淵明詩所以為高正在不待安排胷中自然流出東坡乃篇〻句〻依韻而和之雖其高才似不費力然已失其自然之趣矣

凡詩不束于韻而能盡其意勝于為韻束而意不盡且或無其意而牽入他意以足其韻者千萬也故韻律之道疏密適中為上不然則寧疏無密文能發意則韻雖疏不害

柏梁臺詩

漢武柏梁臺詩本出三秦記云是元封三年作而考之于史則多不符按史記及漢書孝景紀中六年夏四月梁王薨諸侯王表梁孝王武立三十五年薨孝景後元年共王買嗣七年薨建元五年平王襄嗣四十年薨文三王傳同又按孝武紀元鼎二年春起柏梁臺是為梁平王之二十二年而孝王之薨至此已二十九年又七年始為元封三年又按平王襄元朔中以與大母爭樽公卿請廢為庶人

天子曰梁王襄無良師傅故陷不義乃削梁八城梁餘尚有十城漢書言削五縣僅有八城又按平王襄之十年為元朔二年来朝其三十六年為太初四年来朝皆不當元封時又按百官公卿表郎中令武帝太初元年更名光祿勳典客景帝中六年更名大行令武帝太初元年更名大鴻臚治粟内史景帝後元年更名大農令武帝太初元年更名大司農中尉武帝太初元年更名執金吾内史景帝二年分置左内史右内史武帝太初元年更名京兆尹左内史更名左馮翊主爵中尉景帝中六年更名都尉武帝太初元年更名右扶風凡此六官皆太初以後之名不應預書于元封之時又按孝武紀太初元年冬十一月乙酉栢梁臺災夏五

月正歷以正月為歲首定官名則是柏梁既災之後又半歲而始改官名而大司馬大將軍青則薨于元封之五年距此已二年矣反復考證無一合者蓋是後人擬作剽取武帝以來官名及梁孝王世家乘輿駟馬之事以合之而不悟時代之乖舛也

按世家梁孝王二十九年表孝景前七年十月入朝景帝使〻持節乘輿駟馬迎梁王于闕下臣瓚曰天子副車駕駟馬此一時異數平王安得有此

詩體代降

三百篇之不能不降而楚辭楚辭之不能不降而漢魏漢魏之不能不降而六朝六朝之不能不降而唐也勢也用

一代之體則必似一代之文而後為合格

詩文之所以代變有不得不變者一代之文沿襲已久不容人人皆道此語今且數千百年矣而猶取古人之陳言一一而摹倣之以是為詩可乎故不似則失其所以為詩似則失其所以為我李杜之詩所以獨高于唐人者以其未嘗不似而未嘗似也知此者可與言詩也已矣

書法詩格

南北朝以前金石之文无不皆八分書者是今之真書不足為字也姚鉉之唐文粹呂祖謙之皇朝文鑑真德秀之文章正宗凡近體之詩皆不收是今之律詩不足為詩也今人將繇真書以窺八分繇律詩以學古體是從事於古

人之所賤者而求其所最工豈不難哉

鄭人薛千仞岡曰自唐人之近體興而詩一大變後學之士可兼為而不可專攻者也近日之弊无人不詩無詩不律無律不七言又曰七言律法度貴嚴對偶貴整音節貴響不易作也今初學後生無不為七言律似反以此為入門之路其終身不得窺此道藩籬無怪也

詩人改古事

陳思王上書絕纓盜馬之臣赦楚趙以濟其難註謂赦盜馬秦穆公事秦亦趙姓故互文以避上秦字也趙至與嵇茂齊書梁生適越登岳長謠梁鴻本適吳而以為越者吳為越所滅也謝靈運詩弦高犒晉師仲連卻秦軍弦高所

熇者秦師而改為晉以避下秦字則舛而陋矣李太白行路難詩華亭鶴唳詎可聞上蔡蒼鷹安足道杜子美諸將詩昨日玉魚蒙葬地早時金盌出人間改黄犬為蒼鷹改玉盌為金盌亦同此病

自漢以来作文者即有回避假借之法太史公伯夷傳伯夷叔齊雖賢得夫子而名益彰顔淵雖篤學附驥尾而行益顯本當是附夫子耳避上文雷同改作驥尾使後人為之豈不為人譏笑

庚子山賦誤

庚子山枯樹賦云建章三月火按史記武帝太初元年冬十一月乙酉柏梁臺災春二月起建章宮西京賦柏梁既

焱越巫陳方建章是經用厭火祥是焱者柏梁非建章而三月火又秦之阿房非漢也哀江南賦云栩陽亭有離別之賦夜聽擣衣曲云栩陽離別賦按漢書藝文志別栩陽賦五篇詳其上下文例當是人姓名姓別名栩陽也以為離別之別又非也

于仲文詩誤

隋于仲文詩景差方入楚樂毅始遊燕按漢書高帝紀徙齊楚大族昭氏屈氏景氏懷氏齊田氏五姓關中与利田宅景駒注文穎曰景駒楚族景氏駒名王逸楚辭章句王閭之職掌王族三姓曰昭屈景然則景差亦楚之同姓也而仲文以為入楚豈非梁陳已下之人但事辭章而不詳典據故邪

梁武帝天監元年詔曰雖免有刑姜宣致貶此用孟子殺其麋鹿者如殺人之罪而不知宣王乃田氏非姜後也與此一類

李太白詩誤

李太白詩漢家秦地月流影照明妃一上玉關道天涯去不歸按史記言匈奴左方王將直上谷以東右方王將直上郡以西而單于之庭直代雲中漢書言呼韓邪單于自請留居光祿塞下又言天子遣使送單于出朔方雞鹿塞今在河套內後單于竟北歸庭乃知漢與匈奴往來之道大抵從雲中五原朔方明妃之行亦必出此故江淹之賦李陵但云情往上郡心留鴈門而玉關與西域相通自是公主

𫇴鳥孫所經太白誤矣顔氏家訓謂文章地理必須愜當其論梁簡文鴈門太守行而言日逐康居大宛月氐蕭子暉隴頭水而云北注黄龍東流白馬沈存中論白樂天長恨歌峨嵋山下少人行謂峨嵋在嘉州非幸蜀路文人之病葢有同者

梁徐悱登琅邪城詩甘泉警烽候上谷抵樓蘭上谷在居庸之北而樓蘭為西域之國在玉門関外郎此一句之中文理已自不通其不切琅邪城又無論也

郭璞賦誤

郭璞江賦總括漢泗兼包淮湘淮泗竝不入江豈因孟子而誤耶

陸機文誤

陸機漢高帝功臣頌侯公伏軾皇媪來歸乃不攷史書之誤漢儀注高帝母兵起時死小黄後于小黄作陵廟本紀五年即皇帝位于氾水之陽追尊先媪為昭靈夫人則其先亡可知而十年有太上皇后崩乃太上皇崩之誤文重書而未删也侯公說羽〻乃与漢約中分天下九月歸太公呂后竝無皇媪

字

春秋以上言文不言字如左傳於文止戈為武故文反正為乏於文皿蟲為蠱及論語史闕文中庸書同文之類竝不言字易女子貞不字十年乃字詩牛羊腓字之左傳其

傺無子使字敬叔皆訓為乳書康誥于父不能字厥子左傳樂王鮒字而敬小事大〻字小亦取愛養之義唯儀禮士冠禮賓字之禮記郊特牲冠而字之敬其名也與文字之義稍近亦未嘗謂文為字也以文為字乃始于史記秦始皇琅邪臺石刻曰同書文字說文序云依類象形謂之文形聲相益謂之字文者物象之本字者孳乳而生孝經援神契亦有此說周禮外史註云古曰名今曰字儀禮聘禮註云名書文也今謂之字此則字之名自秦而立自漢而顯也与許氏說文序此十四篇五百四十部九千三百五十三文解說凡十三万三千四百四十一字以篆書謂之文隸書謂之字張揖上愽雅表凡萬八千一百五十文唐玄度九

經字樣序凡七十六部四百廿一文則通謂之文

三代以上言文不言字李斯程邈出文降而為字矣二漢以上言音不言韻周顒沈約出音降而為韻矣

古文

古時文字不一如漢汾陰宫鼎其蓋銘曰汾陰供官銅鼎蓋二十枚二十字作十十鼎銘曰汾陰供官銅鼎二十枚二十字作十其末曰第二十三二十字作廿一器之銘三見而三不同自唐以後文字日繁不得不歸一律而古書之不復通者多矣

說文

自隷書以來其能發明六書之指使三代之史尚存於今

日而得以識古人制作之本者許叔重說文之功為大後之學者一點一畫莫不奉之為規矩而愚以為亦有不盡然者且以六經之文左氏公羊穀梁之傳毛萇孔安國鄭衆馬融諸儒之訓而未必盡合况叔重生于東京之中世所本者不過劉歆賈逵杜林徐巡等十餘人之說楊慎六書索隱序曰說文者孔子說楚莊王說左氏說韓非說淮南子說司馬相如說董仲舒說京房說衛宏說楊雄說劉歆說桑欽說杜林說賈逵說傅毅說官溥說譚長說王育說尸彤說張林說黃顥說周盛說逯安說歐陽喬說甯嚴說爰礼說徐巡說莊都說張徹說而以為盡得古人之意然与否与一也五經未遇蔡邕等正定之先傳寫人人各異今其書所收率多異字而以今經校之則說文為短又一書之中有兩引而其文各異者如汜下引詩江有汜洍下引詩江有洍逑下引書旁逑孱功孱下引書旁救僝功邑下引

說文因有引經自異者
亦有因傳寫而訛者

詩赤舄己己擊下引詩赤舄擊〻後之讀者將何所從二也鄭玄常駮許慎五經異議顏氏家訓亦云說文中有援引經傳與今乖者未之敢從流傳既久豈無脫漏既徐鉉亦謂篆書堙替日久錯亂遺脫不可悉究今謂此書所闕者必古人所無別指一字以當之如說文無劉字後人以鎦字當之無由字以粵字當之無免字以絻字當之改經典而就說文支離回互三也今舉其一二評之如秦宋薛皆國名也秦从禾以地宜禾亦已迂矣宋从木爲居薛从辛爲辠此何理也費誓之費改爲棐訓爲惡米武王載旆之旆改爲坺訓爲臿土威爲姑也爲女陰殹爲擊聲困爲故廬普爲日無色此何理也貉之爲言惡也視犬之字如畫狗〻之叩也豈孔子之言乎訓有則曰不宜有也春秋書曰有食之訓郭則曰齊之郭氏善善

大字信書固不必盡合何
況其不當以是論耶

不能進悪々不能退是以亡國不幾於勦說而失其本指乎居爲法古用爲卜中童爲男有皐褢爲解衣耕再爲人持弓會毆禽辱爲失耕時史爲束縛捽抴罰爲持刀罵詈勞爲大燒門宰爲皐人在屋下執事冥爲十六日月始虧刑爲刀守井不幾於穿鑿而遠於情理乎武曌師之而制字荆公廣之而作書不可謂非濫觴于許氏者矣若夫訓參爲商星此天文之不合者也訓毫爲京兆杜陵亭此地理之不合者也書中所引樂浪事數十餘而他經藉反多闕畧此采摭之失其當者也今之學者能取其大而棄其小擇其是而違其非乃可謂善學說文者與後周書黎景熙其從祖廣太武時爲尚書郎古學嘗從吏部尚書崔玄伯受字義又從司徒崔浩學楷篆自是家傳其法景熈亦傳習之頗

与許氏有異可見魏晉以來傳受亦各不同

王莽傳劉之為字卯金刀也正月剛卯金刀之利皆不得行食貨志亦云又曰受命之日丁卯丁火漢氏之德也卯劉姓所以為字也光武告天祝文引讖記曰卯金修德為天子公孫述引援神契曰西太守乙卯金謂西方太守而已絶卯金也是古未嘗無劉字也趙宧光曰說文無劉字但作鎦今按漢書卯金刀之鐵及古印卯流傳者劉姓不下數千百面竝作劉無鎦字魏明帝太和初公卿奏言夫歌以詠德舞以象事于文文武為斌臣等謹製樂舞名曰章斌之舞魏去叔重未遠是古未嘗無斌字也徐鉉較定說文前列斌字云是俗書

說文原本次第不可見今以四聲列者徐鉉等所定也切

先生生雖入史稱致確極為精當否

作劉也按吾宋學古編云許氏

說文解字十五卷徐鉉校正定本有新
附字始一終亥本係原本分部[illegible]本乃後
人所[illegible]本[illegible]又有[illegible]文[illegible]印
[illegible]葉本云毛子晉家有說文宋版
不異今世所傳大異其舊本乃以字畫分
部始一終亥[illegible]書係十五卷今本說文
[illegible]文以部分類入者乃宋李燾重定
[illegible]者本也據此二說則得[illegible]竟係宋本
且又說云[illegible]汲古閣尚有其書[illegible]
[illegible]年構求[illegible]不可得惜哉

字鉉等所加也趙古則六書本義曰漢以前未有反切許氏說文鄭氏箋註但曰讀若某而已今說文反切乃朱翱以孫愐唐韻所加旁引後儒之言如杜預裴光遠李陽冰之類亦鉉等加也又云諸家不収今附之字韻末者瀰下亦鉉等加也眸字下云說文直作牟趙宧光曰詳此則本書襍出衆人之手審矣安得不蕪穢也凡參訂經傳必以本人名冠之方不混于前人耳始字說文以為女之初也已不必然而徐鉉釋之以至哉坤元万物資始不知經文乃是大哉乾元万物資始若用此解必從男乃合耳

趙宧光說文長箋

萬曆末吳中趙凡夫宧光作說文長箋將自古相傳之五經肆意刊改好行小慧以求異于先儒乃以青〻子衿為

溪奔之詩而謂衿即衾字詩中元有衾字抱衾与裯錦衾爛兮如此類者非一其實四書尚未能成誦而引論語虎兕出於柙誤作孟子虎豹出兮函兕下然其于六書之指不無管闚而適當喜新尚異之時此書乃盛行于世及今不辯恐他日習非勝是為後學之害不淺矣故舉其尤刺謬者十餘條正之

舊唐書文宗紀開成二年宰臣判國子監祭酒鄭覃進石壁九經一百六十卷九經者易書詩三禮春秋三傳又有孝經論語爾雅其實乃十二經又有張參五經文字唐玄度九經字樣皆刻之於石今見在西安府學氏关乃指此為蜀本石經又云張參五經文字唐彥升九經字樣亦附蜀本之後但可作蜀經字法今此石經末有年月一行諸臣

姓名十行大書開成二年丁巳歲凡夫豈未之見而妄指為益蜀邪

又云孫愐唐韻文殷二韻三聲皆分獨上聲合一咸嚴洽業二韻平入則分上去則合按今廣韻即孫愐之遺文殷上聲之合則有之咸嚴洽業則四聲竝分無併合者切者兩字相摩以得其音取其切近今改為盜竊之竊於古未聞豈凡夫所以自名其學者邪

瓜分字見史記虞卿傳漢書賈誼傳戰国策注分其地如破瓜然鹽鉄論隔絶羌胡分其地瓜竈突字見漢書霍光傳今云瓜當作瓜突當作突然則鮑昭蕪城賦所謂竟瓜剖而豆分魏玄國疏所謂瓜分危裂者古人皆不識字邪按張參五經文字云突徒

兀反作宊者訛

顧野王陳人也而以為晉之虎頭飀下顧長康為虎頭將軍陸龜蒙唐人也而以為宋之象山乙下陸九淵号象山先生王筠梁人也而以為晉蜺下霓連蹮梁書王筠傳沈約以郊居賦示筠讀至雌約撫掌欣忭今引此事而謂之晉王筠約既梁人安得與晉人語哉王禹偁宋人也而以為南朝下稱此真所謂不學牆面者與

晉獻帝醉虞侍中命扶之扶下按晉書虞嘯父傳為孝武帝所親愛侍飲大醉拜不能起帝顧曰扶虞侍中嘯父曰臣位未及扶醉不及亂非分之賜所不敢當帝甚悅傳首明有孝武帝字引書者未曾全讀但見中間有貢獻之獻適與帝字相接遂以為獻帝而不悟晉之無獻帝也萬曆間

人看書不看首尾只看中間兩三行凡夫著書之人乃猶如此

恂字箋漢宣帝諱而不知宣帝諱詢（荀悅曰詢之字曰謀）非恂也衍字箋漢平帝諱而不知平帝諱衎（荀悅曰衎之字曰樂師古曰衎音口旱反）非衎也

後漢書劉虞傳故吏尾敦於路劫虞首歸葬之（註尾姓敦名）引之云後漢尾敦路劫劉虞首歸之莽若以敦路為人名而又以葬為莽是劉幽州之首竟歸于王莽也

左氏成六年傳韓獻子曰易覯則民愁民愁則墊隘説文霾墊二字兩引之而一作阸者古隘阸二字通用也箋乃云未詳何出野下引左傳身横九野不知是當為九畝又

穀梁傳之文而非左氏也
鵲鵙醜其飛也㚇下㚇此爾雅釋鳥文箋乃曰訓詞未詳然
非後人語驠馬白州也下驠本之爾雅釋畜白州驠註州竅
也謂馬之白尻者箋乃云未詳疑誤
中國之稱夏尚矣今以為起於唐之夏州地鄰于夷故華
夷對稱曰華夏下夏然則書言蠻夷猾夏語云夷狄之有君
不如諸夏之亡也其時已有夏州乎又按夏州本朔方郡
赫連勃勃建都于此自號曰夏後魏滅之而置夏州亦不
始於唐也
云唐中晚詩文始見簿字前此無之下譜不知孟子言孔子
先簿正祭器史記李廣傳急責廣之莫府對簿張湯傳使

使八輩簿責湯孫寶傳御史大夫張忠署簿主寶後漢輿服志每出太僕奉駕上鹵簿馮異傳光武署異為主簿而劉公幹詩已去沈迷簿領書回〻自昏乱矣

毦字云字不見經若言五經則不載者多矣何獨毦字若傳記史書則此字亦非隱僻晋語被羽先升註繫于背若今將軍負毦矣劉略劉倫性好結毦吳志甘寧傳負毦帶鈴梁劉孝和明昭明太子詩山風亂采毦初景麗文轅樣

禰衡為鼓史作漁陽撾摻〻乃操字下操按後漢書衡方為漁陽參撾蹀躡而前註引文士傳作漁陽參槌王僧孺詩云散度廣陵音參寫漁陽曲自註云參音七紺反乃曲奏之名後人添手作摻後周庾信詩王階風轉急長城雪應

閨新綬始欵縫細錦行須篸聲煩廣陵散杵急漁陽摻隋煬帝詩今夜長城下雲昏月應暗誰見倡樓前心悲不成摻唐李頎詩忽然更作漁陽摻黃雲蕭條白日暗正音七
紺
組反今以為操字而又倒其文不知漢人書操固有借作摻者而非此也

卬京兆藍田鄉箋云地近京口故从口卬夫藍田乃今之西安府屬而京口則今之鎮江府此所謂風馬牛不相及者凡此書中會意之解皆京口之類也

寸十分也漢書律歷志一黍為一分十分為一寸本無可疑而增其文曰析寸為分當言十分尺之一下寸夫古人之書豈可意為增改哉

五經古文

趙古則六書本義序曰魏晉及唐能書者輩出但點畫波折逞其姿媚而文字破碎然猶賴六經之篆未易至天寶間詔以課法寫六經於是其道盡廢以愚考之其說始不然按漢書藝文志曰尚書古文經四十六卷又曰孝經古孔氏一篇皆出孔氏壁中又曰中古文易經而不言其所出（後漢儒林傳言東萊費直傳易授琅耶王橫本以古字号古文易）又曰禮古經五十六卷春秋古經十二篇論語古二十一篇但言古不言文而赤眉之亂則已焚燒無遺後漢書杜林傳曰林前於西州得漆書古文尚書一卷常寶愛之雖遭艱困握持不離身出以示衛宏徐巡曰林流離兵亂常恐斯經將絕何意東

海衛子濟南徐生復能傳之是道竟不墜于地也古文雖不合時務然顧諸生無悔所學宏遂益重之于是古文遂行是東京古文之傳惟尚書而已晉書衛恒傳言魏初傳古文者出于邯鄲淳至正始中立三字石經轉失淳法因科斗之名遂效其形後漢書儒林傳誤以三體書法為熹平所刋未知所立幾經而唐初魏徵等作隋書經籍志但有三字石經尚書五卷三字石經春秋三卷註云梁有十二卷則他經亦不存矣冊府元龜唐玄宗天寶三載詔曰朕欽惟載籍討論墳典以為先王令範莫越於唐虞上古遺書寔稱於訓誥雖百篇奥義前代或亡而六體奇文舊規猶在但以古先所制有異於當今傳寫浸訛有疑於後學永言刋革必在從宜尚書

應是古體文字竝依今字繕寫施行其舊本仍藏之書府是玄宗所改亦止于古文尚書而不聞有他經也夫諸經古文之亡其已久矣今謂五經皆有古文而玄宗改之以今豈其然乎

孔安國書序曰科斗書廢已久時人無能知者以所聞伏生之書攷論文義定其可知者為隸古定正義曰就古文體而從隸定之故曰隸古以雖隸而猶古也更以竹簡寫之是則西漢之時所云古文者不過隸書之近古而共王所得科斗文字久已不傳玄宗所謂六體奇文蓋正始之書法也

宋晁公武古文尚書序曰余抵少城作石經考異之餘因得此古文全編於學宮乃進士張㚟傚吕氏所鏤本書冊

刻諸石方將配孝經周易經文之古者附於石經之列書宋乾道庚寅今其石當已不存而摹本亦未見傳之人間也世無好古之人雖金石其能保與今有廣信楊時喬所刻周易古文恐亦後人以意為之不必有所受也

急就篇

漢魏以後童子皆讀史游急就篇晉夏侯湛抵疑鄉曲之徒一介之士曾諷急就習甲子魏書崔浩表言太宗即位元年敕臣解急就章劉芳撰急就篇續注音義證三卷陸暐擬急就篇為悟蒙章文書家亦多寫急就篇晁氏讀書記曰自昔善小學者多書急就章故有鍾繇皇象衛夫人王羲之所書傳于世魏書崔浩傳浩既工書人多託寫急就章從少至老初不憚勞所書蓋以百數儒

林傳劉蘭始入小學書急就篇家人覺其聰敏北齊書李繪六歲未入學伺伯姊筆牘之閒輒竊用未幾遂通急就章李鉉九歲入學書急就篇月餘便通自唐以下其學漸微本朝武官誥勑用二十八宿編號永樂中字畫奉旨用漢急就章字

千字文

千字文元有二本梁書周興嗣傳曰高祖以三橋舊宅為光宅寺勑興嗣與陸倕製碑及成俱奏高祖用興嗣所製者自是銅表銘柵塘碣北伐檄次韻王羲之書千字竝使興嗣為之蕭子範傳曰子範除大司馬南平王戶曹屬從事郎中使製千字文其辭甚美命記室蔡薳注釋之舊唐書經籍志千字文一卷蕭子範撰又一卷周興嗣撰是興

此等字因武帝命周興嗣製故謂之武帝制千字也武帝自制也

陳有此云隋潘徽譔萬字文

嗣所次者一千字文而子範所製者又一千字文也陳書沈衆傳是時梁武帝制千字詩衆為之注解是又不獨興嗣子範二人矣乃隋書經籍志云千字文一卷梁給事郎周興嗣撰千字文一卷梁國子祭酒蕭子雲注梁書本傳謂子範作之而蔡薳為之注釋今以為子雲注子雲乃子範之弟則異矣宋史李至傳言千字文乃梁武帝得鍾繇書破碑千餘字命周興嗣次韻而成山堂考索本傳以為王羲之而此又以為鍾繇則又異矣隋書舊唐書志又有演千字文五卷不著何人作隋書文苑傳秦王俊令潘徽為萬字文

淳化帖有漢章帝書百餘字皆周興嗣千字文中語東觀餘論曰此書非章帝然亦前代人作但録書者集成千字

中語耳歐陽公疑以為漢時學書者多為此語而後村劉氏遂謂千字文非梁人作誤矣黄魯直跋章草千字文曰章草言可以通章奏耳非章帝書也

草書

褚先生補史記三王世家曰至其次序分絶文字之上下簡之參差長短皆有意人莫之能知謹論次其真草詔書編于左方是則褚先生親見簡策之文而孝武時詔即已用草書也魏志劉虞傳轉五官將文學文帝器之令虞通草書則漢魏之間箋啓之文有用草書者矣晋書郗鑒傳帝以鑒有器望萬機動静輒問之乃詔特草上表疏以從簡易故草書之可通於章奏者謂之章草

趙彥衛雲麓漫鈔言宣和中陝右人發地得木簡字皆章草乃永初二年發夫討畔羌檄米元章帖言章草乃章奏之章今考之既用於檄則理容槩施於章奏蓋小學家流自古以降日趨於簡便故大篆變小篆小篆變隸比其久也復以隸為繁則章奏文移悉以章草從事亦自然之勢（張懷瓘書斷曰章草者漢黄門令史游所作也王愔云漢元帝時史游作急就章解散隸體漢俗簡惰漸以行之是也此一說）又故雖曰草而隸筆仍在良繇去隸未遠故也右軍作草猶是其典刑故不勝為冗筆逮張旭懷素輩出則此法埽地矣

北齊趙仲將學涉羣書善草隸雖与弟書字皆楷正云草不可不解若施之于人似相輕易若与當家中卑幼又恐

其疑是以必須隸筆唐席豫性謹雖與子弟書疏及吏曹簿領未嘗草書謂人曰不敬他人是自不敬也或曰此事甚細卿何介意豫曰細猶不謹而況巨耶柳仲郢手鈔九經三史不及魏晉南北諸史皆楷小精真無行字劉安世終身不作草字書尺牘未嘗使人代張觀平生書必為楷字無一行草類其為人古人之謹重如此舊唐書王君廓為幽州都督李玄道為長史君廓入朝玄道附書與其從甥房玄齡君廓私發之不識草字疑其謀己懼而奔叛玄道坐流嶲州夫草書之釁乃至是耶

金石録

金石録有宋公䜌餗鼎銘云按史記世家宋公無名䜌者

莫知其為何人今考左傳宋元公之太子欒嗣位為景公漢書古今人表有宋景公兜欒而史記宋世家元公卒子景公頭曼立是兜欒之音訛為頭曼而宋公䜌即景公也

宗均之誤為宋不必證之碑及黨錮傳即南蠻傳云會援病卒謁者宗均聽悉受降為置吏司羣蠻遂平事與本傳合而南蠻傳作宗本傳作宋其誤顯然註未及正黨錮傳註宗資字叔都南陽安衆人祖父均自有傳

房彥謙高祖法壽自宋歸魏封壯武侯子孫承襲魏隋唐三書皆同獨碑作莊武按漢膠東國有壯武縣文帝封宋昌為壯武侯正義曰括地志云壯武故城在萊州即墨縣西六十里後漢志壯武故夷國左傳隱元年紀人伐夷是

也賈復傳封膠東侯食郁秩壯武等六縣晉張華亦封壯武侯字竝作壯獨此碑与左傳杜氏註作莊

鑄印作減筆字

太原府徐溝縣有同戈驛其名本取洞渦水此水出樂平縣西四十里陡泉嶺經平定州壽陽榆次至徐溝縣入汾今徐溝縣北五里洞渦河其陽有洞渦村是也水經洞渦水出沾縣北上西過榆次縣南又西到晉陽縣南西入於汾酈道元注劉琨之為并州也劉淵引兵邀擊之合戰于洞渦卽是水也舊唐書昭宗紀天復元年四月氏叔琮營于洞渦驛五代史唐本紀同新唐書地理志太原郡有府十八其一曰洞渦宋史曹彬傳為前軍都監戰洞渦河北漢世家

李繼勳敗繼恩兵于洞渦河唯魏書地形志晉陽下云同過水出水瓜嶺一出沾嶺一出大廉山一出原過祠下五水合道故曰同過西南入汾則文作同過字異 又按上文止四水或有脫漏後人減筆借書同戈字而今鑄印遂作同戈以減借之字登於印文又不但馬文淵所言成臯印縣畫之訛而已

今驛多用古地名者洪武九年四月壬辰以天下驛傳之名多因俚俗命翰林考古正之如揚州府曰廣陵驛鎮江府曰京口驛凡改者二百三十二徐溝無古地名故以水名之

畫

古人圖畫皆指事為之使觀者可法可戒上自三代之時則周明堂之四門墉有堯舜之容桀紂之象有周公相成

王負斧扆南面以朝諸侯之圖孔子家語楚有先王之廟及公卿祠堂圖畫天地山川神靈琦瑋僪佹及古賢聖怪物行事王逸楚辭章句秦漢以下見於史者如周公負成王圖霍光傳成慶畫景十三王傳猶言成慶圖非成慶所畫也紂醉踞妲己圖叙傳屏風圖畫列女傳宋弘傳世說戴逵畫南都賦圖之類未有無因而作遠乎隋唐尚沿其意唐藝文志所列漢王元昌畫漢賢王圖閻立德畫文成公主降蕃圖王華宮圖鬬雞圖閻立本畫秦府十八學士圖凌煙閣功臣二十四人圖范長壽畫風俗圖醉進士圖王定画本草訓戒圖貞觀尚方令檀智敏畫遊春戲藝圖振武校尉殷敦韋無忝畫皇朝九聖圖高祖及諸王圖太宗自定輦上圖開元十八學士圖開元人董萼畫鑾車

圖開元人字重奬曹元廓画後周北齊梁陳隋武德貞觀永徽間朝臣圖高祖太宗諸子圖秦府學士圖凌煙圖武后左尚方令楊昇畫望賢宮圖安祿山真張萱畫伎女圖乳母将嬰兒圖按羯鼓圖鞦韆圖竝開元館画直談皎畫武惠妃舞圖佳麗寒食圖佳麗伎女圖韓幹画龍朔功臣圖姚宋及安祿山圖相馬圖玄宗試馬圖寧王調馬打毬圖大梁人府寺丞大陳宏畫安祿山圖玄宗馬射圖上黨十九瑞圖永王府長史王象畫鹵簿圖田琦画洪崖子橘朮圖德平子汝南太守竇師綸畫內庫瑞錦對雉鬬羊翔鳳游麟圖字希言太宗秦王府諮議相国錄事參軍封陵陽公韋鶠画天竺胡僧渡水放牧圖鑾子周昉畫撲蝶按箏楊真人降真五星等圖字景玄各一卷唐文粹有王諲記漢公卿祖二疏

圖舒元輿記桃源圖通鑑蜀嘉州司馬劉贊獻陳後主三閣圖皆指事象妝之作王維傳人有得奏樂圖不知其名維視之曰此霓裳第三疊第一拍也好事者集樂工按之無差自實體難工空摹易善於是白描山水之畫興而古人之意亡矣

宋邵博聞見後錄云觀漢李翕王稚子高貫方墓碑多刻山林人物乃知顧愷之陸探微宗處士輩尚有其遺法至吳道玄絕藝入神然始用巧思而古意少減矣況其下者此可為知者道也

宋徽宗崇寧三年立畫學考畫之等以不倣前人而物之情態形色俱若自然筆韻高簡為工此近於空摹之格至

今尚之

謝在杭五雜俎曰自唐以前名畫未有無故事者蓋有故事便須立意結構事〻考訂人物衣冠制度宮室規模大畧城郭山川形勢向背皆不得草艸下筆非若今人任意師心鹵莽滅裂動輒託之寫意而止也余觀張僧繇展子虔閻立本輩皆畫神佛變相星曜真形至如石勒竇建德安禄山有何足畫而皆寫其故實其他如懿宗射兔貴妃上馬後主幸晉陽華清宮避暑不一而足上之則神農播種堯民擊壤老子度關宣尼十哲下之則商山采芝二疏祖道元達鏁諫葛洪移居如此題目今人却不肯畫而古人為之轉相沿倣蓋繇所重在此習以成風要亦相傳法

度昜於循習耳

古器

洪氏隨筆謂彝器之傳春秋以來固已重之如郜鼎紀甗之類歷歷可數不知三代逸書之目湯有典寶武有分器而春官有典庸器之職祭祀出而陳之則固前乎此矣故夏后氏之璜封父之繁弱密須之鼓闕鞏之甲班諸魯公唐叔之國而赤刀弘璧天球河圖之屬陳設于成王之顧命者文天子之世守也然而來去不恒成虧有數是以寶珪出河（左傳昭二十四年）九鼎淪泗武庫之劍穿屋而飛（湛盧劍夜飛去）（文選張協七命注）殿前之鐘感山而響銅人入夢鐘虡生毛則知歷世久遠能為神怪亦理之所必有者隋書元帝開皇九

年四月毀平陳所得秦漢三大鐘越二大鼓十一年正月丁酉以平陳所得古器多為禍變悉命毀之而大金國志載海陵正隆三年詔毀平遼宋所得古器亦如隋文之言蓋皆出於不學之主而古器之銷亡為可惜矣

讀李易安題金石録引王涯元載之事以為有聚有散乃理之常人亡人得又胡足道未嘗不歎其言之達而元祐之間好作攷物譜獨以為不然其説曰三代鼎鐘其初出於聖人之制今其款識故在不曰永用享則曰子子孫孫永寳用豈聖人者超然遠覽而不能忘情於一物邪自莊周列禦寇之説出遂以天地為逆旅形骸為外物雖聖哲之能事有不滿一吷者況外物之外者乎然而彼固未能寒

而忘衣饑而忘食也則聖人之道所謂備物以致用守器以為智者其可非也邪已上㮚栝元氏之文春秋之于寶玉大弓竊之書得之書知此者可以得聖人之意矣

日知録卷之二十三

四海

書正義言天地之勢四邊有水鄒衍書言九州之外有大瀛海環之是九州居水内故以州為名洲州字古然五經無西海北海之文而所謂四海者亦槩萬國而言之爾礼記祭義推而放諸西海而準推而放諸北海而準亦是槩言之海至左傳齊桓公言寡人處北海則直指齊地而孟子言伯夷辟紂居北海之濱唐時以濰州為北海郡而昌樂縣遂有伯夷廟爾雅九夷八蠻六戎五狄謂之四海周礼校人凡将有事于四海山川註四海猶四方也則海非真水之名易卦兑為澤而不言海禮記鄉飲酒義曰祖天地之左海也則又以見右之無海矣史記日者傳地不滿東南以海為池虞書禹言予決九川距四海據禹貢但有一海

而南海之名猶之西河即此河爾

禹貢之言海有二東漸于海實言之海也聲教訖于四海槩言之海也

宋洪邁謂海一而已地勢西北高東南下所謂東北南三海其實一也北至於青滄則曰北海南至於交廣則曰南海東漸吳越則曰東海無繇有所謂西海者詩書礼經之称四海盖引類而言之至如莊子所謂窮髮之北有冥海及屈原所謂指西海以為期皆寓言爾程氏大昌謂條支之西有海先漢使固嘗見之而載諸史史記大宛傳于窴之西則水皆西流注西海又曰奄蔡在康居西北可二千里臨大澤無崖盖乃北海云漢書西域傳條支国臨西海後漢班超又遣甘英輩親至其地而西海之西又有大秦夷人與海

商皆常往來霍去病封狼居胥山其山實臨瀚海蘇武郭吉皆為匈奴所幽寘諸北海之上而唐史又言突厥部北海之北有骨利幹國在海北岸然則詩書所称四海實環夷夏而四之非寓言也然今甘州有居延海西寧有青海雲南有滇海安知漢唐人所見之海非此類邪

九州

九州之名始見於禹貢祭法共工氏之霸九州也其子曰后土能平九州此前乎禹而有九州之名周礼職方氏疏曰自神農以上有天九州柱州迎州神州之等至黃帝以來德不及遠惟於神州之内分為九州史記孟子荀卿傳騶衍言中国名曰赤縣神州赤縣神州内自有九州禹之序九州是也不得為州數中國外如赤縣神州者九乃所謂九州也。蓋天下有九州古之帝者皆治之後世德薄止治神州神州者東南一州也淮南子地形訓以西北為台州正北為清州東北為薄州正東為陽州河圖括地象東南神州正南卬州西南戎州正西弇州正中冀州西北柱州北方玄州東北咸州正東揚州隋書北郊之制有神州迎州冀州戎州拾州柱州營州咸州陽州唐初房玄齡与礼官議以為神州者國之所記餘八州則義不相及遂除迎州等八座唯祭皇地祇及神州此荒誕之說固無足采然中國之大亦未有窮其涯域者尹耕西鎮志引漢書地理志言黃帝方制萬里畫埜分州得百里之國萬區而疑不盡於禹九州之內且曰以今觀之涿鹿今保安州東北之極陬也而黃帝以之建都釜山在懷來城北塞上之小山也而黃帝以之合符則當時藩國之在其西北者可知也晉載紀慕容廆以大棘城即帝顓頊之墟也乃移居之通典棘城在營州柳城東南一百七十里秦漢以來匈奴他部如爾朱宇文之類往往祖黃帝稱昌意後

亦一證也按魏周諸書惟云魏之先出自黃帝軒轅氏黃帝子曰昌意昌意之少子受封北国而爾朱氏無聞宇文氏則云其先出自炎帝神農氏今舍拓跋而言爾朱宇文誤也遼史言耶律儼称遼為軒轅後厥後昌意降居帝摯遜位至於洪水之災天下分絕而諸侯之不朝者有矣以書考之禹別九州而舜文肇十二州其分為幽并營者皆在冀之東北書肇十有二州傳云肇始也禹治水之後舜分冀州為幽州并州分青州為營州始置十二州高誘註淮南子云古之幽都在鴈門以北以其前閉而後通前距而後服者也而此三州以外則舜不得而有之矣此後世幅員所以止於禹迹九州之內而天地之氣亦自西北而趨於東南日荒日闢而今猶未已也蔡仲默書傳亦謂當舜之時冀北之地未必荒落如後世騶子之言雖不盡然亦豈可謂其無所自哉

幽并營三州在禹貢九州之外先儒謂以冀青二州地廣而分之殆非也孔安國馬融竝云疏謂堯時青州當越海而有遼東益無據幽則今涿易以北至塞外之地書流共工于幽洲孟子作州括地志云在檀州燕樂縣界今順天府密雲縣并則今忻代以北至塞外之地營則今遼東大寧之地其山川皆不載之禹貢故靡得而詳凡涿之上谷漁陽右北平遼西遼東山川皆不載之禹貢惟碣石為右北平驪城縣山然此但島夷之貢道爾然而益稷之書謂弼成五服至于五千則冀方之北不應僅數百里而止遼史地理志言幽州在渤碣之間并州北有代朔營州東暨遼海營衛志言冀州以南歷洪水之變夏后始制城郭其人土著而居并營以北勁風多寒隨陽遷徙歲無寧居曠土萬里或其說之有所本也劉三吾書傳謂孔子以遼東屬

青州隔越巨海道里殊遠非所謂因高山大川以為限之意蓋幽并營三州皆分冀州之地又引歐陽志輿地廣記以遼東營州屬冀州今亦未有所攷

禹畫九州在前舜肇十二州在後肇始也昔但有九州今有十二州自舜始也漢書地理志堯遭洪水天下分絕為十二州使禹治之更制九州與書肇十有二州之文不同蓋漢人之說如此故王莽據之為奏陳氏經曰禹貢之作乃在堯時至舜時乃分九州為十二州至夏之世又并為九州故傳言貢金九牧竹書紀年帝舜三十三年夏后受命于神宗遂復九州亦未可信然則謂禹貢九州為盡虞夏之疆域者疏矣

夏商以後沿上世九州之名各就其疆理所及而分之故每代小有不同周書爾雅各與禹貢不同周禮量人掌建國之法以分國為九州曰分則不循於其情可知矣周礼職方東北曰幽州其山曰醫無

閭藪曰徯養川曰河泲浸曰菑時醫无閭在遼東廣寧衛貕養澤註云在長廣今山陽萊陽縣已無迹可考而青之菑時兗之河泲禣出於一條之中殆不可據

州有二名舜典肇十有二州禹貢九州大名也周禮大司徒五黨為州州長註二千五百家為州左傳僖十五年晉作州兵宣十一年楚子入陳鄉取一人焉以歸謂之夏州昭二十二年晉籍談荀躒帥九州之戎註州鄉屬也五州為鄉哀四年士蔑乃致九州之戎十七年衛侯登城以望見戎州國語謝西之九州河如註謝西有九州二千五百家為州竝小名也陳祥道禮書二百一十國謂之州五黨亦謂之州萬二千五百家謂之遂一夫之閒亦謂之遂王畿謂之縣五鄙亦謂之縣江淮河濟謂之四瀆而易坎為水為溝瀆大小之極不嫌同名

六國獨燕無後

春秋之時楚最彊楚之官令尹最貴而其為令尹者皆同姓之親至於六國已滅之後而卒能自立以亡秦者楚也嘗考夫七國之時人主多任其貴戚如孟嘗平原信陵三公子毋論楚之昭陽昭奚恤昭睢韓之公仲公叔趙之公子成趙豹趙奢齊之田嬰田忌田單單之功至於復齊國至秦則不用矣而涇陽高陵之輩猶以擅國聞獨燕蔑有子之子之於王噲未知其親疏自昭王以降無一同姓之見於史者及陳項兵起立六國後而孫心王楚儋王齊咎王魏已而歇王趙成王韓惟燕人乃立韓廣豈王喜之後無一人與不然燕大之哀太子丹豈下於懷王而忍亡之也

蓋燕宗之不振久矣。陽呼楚用其宗而立，懐王者楚也；燕用非其宗而立，韓廣者燕也。然則晉無公族而六卿分，秦無子弟而閻樂弑，魏削藩王而留篡于司馬，宋卑宗子而二帝辱於金人，皆是道矣。詩曰：宗子維城，無俾城壞，無獨斯畏。人君之獨也，可不畏哉！

郡縣

漢書地理志言：秦并兼四海，以為周制微弱，終為諸侯所喪，故不立尺土之封，分天下為郡縣，盪滅前聖之苗裔，靡有孑遺。後之文人祖述其説，以為廢封建立郡縣皆始皇之所為也。以余觀之，殆不然。左傳僖公三十三年，晉襄公以再命命先茅之縣賞胥臣。宣公十一年，楚子縣陳。十二年鄭伯逆楚子之辭曰使改事君夷于九縣注楚滅諸小國為九縣十五年晉侯賞士伯以瓜衍之縣成公六年韓獻子曰成師以出而敗楚之二縣襄公二十六年蔡聲子曰晉人將與之縣以比叔向三十年絳縣人或年長矣昭公三年二宣子曰晉之別縣不惟州五年薳啓彊曰韓賦七邑皆成縣也注成縣賦百乘也又曰因其十家九縣其餘四十縣十年叔向曰陳人聽命而遂縣之二十八年晉分祁氏之田以為七縣分羊舌氏之田以為三縣哀公十七年子穀曰彭仲爽申俘也文王以為令尹實縣申息晏子春秋昔我先君桓公予管仲狐與穀其縣十七說苑景公令吏致千家之縣一於晏子戰國策智過言於智伯曰破趙則封二子者

各萬家之縣一史記秦本紀武公十年伐邽冀戎初縣之十一年初縣杜鄭吳世家王餘祭三年予慶封朱方之縣則當春秋之世滅人之國者固已為縣矣按昭二十九年傳蔡墨言刘累遷于魯縣則夏后氏已有縣之名周礼小司徒四甸為縣遂人五鄙為縣縣士註距王城三百里以外至四百里曰縣亦作寰国語管子制齊三郷為寰有寰帥十寰為屬屬有大夫顔師古曰古書縣邑字皆作寰以縣為縣掛字後人轉用為州縣字其縣桂之縣又加心以別之也史記吳王發九郡兵伐齊范蜎對楚王曰楚南塞厲門而郡江東甘茂謂秦王曰宜陽大縣名曰縣其實郡也春申君言於楚王曰淮北地邊齊其事急請以為郡使匈奴傳言趙武靈王置雲中鴈門代郡燕置上谷漁陽右北平遼西遼東郡以拒胡史言魏有河西上郡以與戎界邊則當七国之世而固已有郡矣哀公

二年傳趙簡子誓曰克敵者上大夫受縣下大夫受郡杜氏註引周書作雒篇千里百縣縣有四郡古時縣大而郡小説文周制天子地方千里分為百縣縣有四郡至秦初置三十六郡以監其縣今按史記吴王及春申君之事則郡之統縣固不始於秦也吴起為西河守馮亭為上黨守李伯為代郡守西門豹為鄴令荀况為蘭陵令城渾説楚新城令衛有蒲守韓有南陽假守魏有安邑令蘇代曰請以三萬戶之都封太守千戶封縣令趙封馮亭亦云而齊威王朝諸縣令長七十二人則六國之未入於秦而固已先為守令長矣故史言樂毅下齊七十餘城皆為郡縣而齊湣王遺楚懷王書曰四國爭事秦則楚為郡縣矣張儀説燕昭王曰今時趙之於秦猶郡縣也安得謂至始皇而始罷侯置守邪傳稱禹會諸侯執玉帛者萬國至周武王僅千八百國春秋

時見於經傳者百四十餘國又并而為十二諸侯又并而為七國此固其勢之所必至秦雖欲復古之制一一而封之亦有所不能而謂罷侯置守之始於秦則儒生不通古今之見也

秦分天下為三十六郡其中西河上郡則因魏之故雲中鴈門代郡則趙武靈王所置上谷漁陽右北平遼西遼東郡則燕所置史記不志地理而見之於匈奴之傳孟堅志皆謂之秦置者以漢之所承者秦不言魏趙燕爾

秦始皇議封建實無其本假使用淳于越之言而行封建其所封者不過如穰侯涇陽華陽高陵君之屬而已豈有建國長世之理

是时滇王乃楚莊蹻之後

秦始皇未滅二國

古封建之國其未盡滅於秦始皇者衛世家言二世元年廢衛君角為庶人是始皇時衛未嘗亡也（漢書地理志始皇既并天下猶獨置衛君二世時乃廢為庶人凡四十世九百年最後絕）越世家言越以此散諸族子爭立或為王或為君濱于江南海上服朝于楚秦始皇本紀言二十五年王翦遂定荆江南地降越君漢興有東海王搖閩越王無諸之屬（如今世之土司）是越未嘗亡也而南夷傳又言秦滅諸侯唯楚苗裔尚有滇王然則謂秦滅五等而立郡縣亦舉其大勢然耳

漢王子侯

漢王子侯之盛無過哀平之間王莽傳五威將帥七十二

人還奏事漢諸侯王為公者悉上璽綬為民後漢書城陽恭王祉傳莽篡立劉氏為侯者皆降稱子食孤卿祿後皆奪爵後漢光武紀建武二年十二月戊午詔曰惟宗室列侯為王莽所廢先靈無所依歸朕甚愍之其並復故國若侯身已沒屬所上其子孫見名尚書封拜是皆絕於莽而復封於光武之時然漢書表傳中往往言王莽篡位絕而表言安衆侯崇居攝元年舉兵為王莽所滅侯寵建武二年以崇從父弟紹封十三年侯松嗣今見師古曰作表時見為侯也表言今見者止此一人是光武之時侯身已沒者其子孫亦但隨宜封拜而已光武紀十三年下云其宗室及絕國封侯者凡一百三十七人惟安衆之以故國紹封者褒崇之忠非通例也又莽傳云嘉新公國師以符命為予四輔

明德侯劉龔率禮侯劉嘉等凡三十二人皆知天命或獻天符或貢昌言或捕告反虜諸劉與三十二人同宗共祖者勿罷賜姓曰王唯國師公以女配莽子故不賜姓武五子傅廣陽王嘉以獻符命封扶美侯賜姓王氏諸侯王表魯王閔獻神書言莽德封列侯賜姓王中山王成都獻書言王莽德封列侯賜姓王王子侯表新鄉侯佟莽傳作元信鄉侯始五年上書言莽宜居攝莽篡位賜姓王若此之類究武豈得而復封之乎又王子侯表序曰元始之際王莽擅朝僞褒宗室侯及王之孫焉居攝而愈多非其正故弗錄旋踵亦絶又可見莽攝位之所封者究武皆不紹封也夫惟於親親之中而寓褒忠之意則於安衆之封見之後漢書卓茂傳

云劉宣字子高安衆侯崇之從弟知王莽當簒乃變名姓絶經書隱避林藪建武初乃出光武以宣襲封安衆侯宣或即寵之誤入李通傳云永平中顯宗幸宛詔諸李隨安衆宗室會見註引謝承書曰安衆侯崇長沙定王五代孫與宗人討莽有功隨光武何北破王郎朝廷高其忠杜策文嗟歎以屬宗室以表計之雖正是五代孫而以紹封者為名崇殊為舛錯當以前漢表為正　又劉陰傳曰陰字元伯南陽安衆侯宗室也王莽居攝中陰父礼与安衆侯崇起兵誅莽事泄陰以年未七歲故得免史文雖畧千載之下可以情測也此一代之大典不可不論

武五子傳昌邑王賀廢封為海昏侯薨元帝復封賀子代宗為海昏侯傳子至孫今見為侯表云賀以神爵三年薨坐故行淫辟不得置後初元三年釐侯代宗以賀子紹封傳至孫原侯保世嗣傳至曾孫侯會邑嗣免建武復封是光武之復封有此二人安衆以褒忠海昏以嘗居尊位故

與

功臣表蕭何九世孫禹王莽始建國元年更為蕭鄉侯莽敗絕曹參十世孫宏舉兵佐軍本傳云先降河北詔封平陽侯十一世侯曠嗣今見非光武之薄於酇侯而厚於平陽也非有功不侯高帝法也

紅陽侯王泓以與諸劉結恩父丹降為將軍戰死見元后傳冨平侯張純以先來詣闕見後漢書本傳皆得紹封按功臣侯復封者三人恩澤侯復封者四人高昌侯董永歸德侯襲平昌侯王　而杜憲趙獲三人功狀無考而周承休侯常自以周後牧並以先降梁王不得嗣光武命功之典如此

漢侯國

漢書地理志京兆尹左馮翊右扶風並無侯國以在畿内

故也然功臣侯表有陽陵侯傅寛高陵侯王虞人恩澤侯表有高陵侯翟方進竝左馮翊縣名功臣侯表平陵侯蘇建平陵侯范朋友右扶風縣名而高陵下曰琅邪二平陵下曰武當則知此鄉名之同於縣者而非三輔也若後漢則新豐侯單超新豐侯段熲京兆縣夏陽侯馮異櫟陽侯景丹臨晉侯楊賜竝左馮翊縣好時侯耿弇槐里侯萬脩槐里侯竇武槐里侯皇甫嵩栒邑侯宋弘郿侯董卓竝右扶風縣而嵩傳云食槐里美陽兩縣八千户蓋東都之後三輔同於郡國矣

地理志侯國有注有不注殆不可曉意者班史亦仍前人之文止據其時之見在者而書之乎

都

詩毛氏傳下邑曰都後人以為人君所居非也[帝王世紀天子所宮曰都釋名都者國君所居]考之經則書之云大都小伯詩之云在浚之都作都于向者皆下邑也左傳曰先王之制大都不過參國之一中五之一小九之一[隱公元年]又曰邑有宗廟先君之主曰都無曰邑[莊公二十八年]攷晉二五言于獻公曰狄之廣莫於晉為都謂蒲也屈也士伯謂叔孫昭子曰將館子於都謂箕也公孫朝謂季平子曰有都以衛國也謂成也仲由為季氏宰將墮三都謂郈也費也成也萊章曰往歲克敵今又勝都謂廩丘也孟子王之為都者臣知五人焉謂平陸也韓子衛嗣君以一都買一胥靡謂左氏已史記趙良勸

商君歸十五都灌園於鄙秦封鞅十五邑問秦王請藺相如召有
司案圖指從此以往十五都予趙齊王令章子將五都之
兵因北地之衆以伐燕張儀說楚王請效萬家之都以爲
湯沐之邑而陳恢見沛公亦曰宛大郡之都也其名始於
周禮小司徒九夫爲井四井爲邑四邑爲丘四丘爲甸四
甸爲縣四縣爲都注四縣爲都方四十里而王之子弟所封及公卿
之采邑在焉於是乎有都宗人都司馬其後乃爲大邑之
稱耳縣士註距王城四百里以外至五百里曰都故詩云彼都人士禮記月令
命農勉作毋休于都而掌夫掌群都縣鄙之治註羣都諸采邑也
商子言百都之尊爵厚祿史記信陵君之諫魏王謂所亡
於秦者大縣數十名都數百則皆小邑之稱也三代以上

若湯居亳，太王居邠，竝言居，不言都。至秦始皇始言「吾聞周文王都豐，武王都鎬，豐鎬之間，帝王之都也」。而項羽分立諸侯王，遂各以其所居之地為都。王莽下書言「周有東都、西都之居」，而以雒陽為新室東都，常安為新室西都。莽改長安曰常安。後世因之，遂以古者下邑之名為今代京師之號，蓋習而不察矣。

《史記·商君傳》：「築冀闕宮庭於咸陽，秦自雍徙都之，而集小都鄉邑聚為縣，置令丞，凡三十一縣。」上都，國都之都；下都，都鄙之都。史文兼古今語。

《漢書·鼂錯傳》言「憂勞百姓，列侯就都」，是以所封國邑為都。

《後漢書·安帝紀》「徙金城郡都襄武」，《龐參傳》「燒當羌種號多等皆降始復得還都今居是以郡治為都而食貨志言長安及五都以雒陽邯鄲臨甾宛成都為五都而長安不與焉此又所謂通邑大都居一方之會者也如張衡南都賦徐幹齊都賦劉劭趙都賦庾闡揚都賦若後世國都之名專於天子而諸侯王不敢稱矣

史記孝景中三年軍東都門外此時未有東都其曰東都門猶言東郭門也程大昌以為自此出雒陽東都者非三輔黃圖長安城東出北頭第一門曰宣平門民間所謂東都門

鄉里

以縣統鄉以鄉統里備書之者史記老子楚苦縣厲鄉曲仁里人樗里子室在昭王廟西渭南陰鄉樗里是也書縣

里而不言鄉。史記高祖沛豐邑中陽里人。應劭曰：沛，縣也。豐，其鄉也。聶政軹深井里人。淳于意師臨菑元里公乘陽慶。漢書衛太子亡至湖泉鳩里是也。亦有書鄉而不言里。史記陳丞相平陽武戶牖鄉人。王翦頻陽東鄉人是也。

古時鄉亦有城。漢書朱邑傳：其子葬之桐鄉西郭外。

都鄉

集古錄宋宗懿母夫人墓誌：涅陽縣都鄉安衆里人。又云：窆于秣陵縣都鄉石泉里。都鄉之制，前史不載。按都鄉蓋即今之坊廂也。漢濟陰太守孟郁堯廟碑：成陽仲氏居都鄉高相里。

都鄉侯

後漢封國之制有鄉侯有都鄉侯傳中言都鄉侯者甚多皇甫嵩封槐里侯忤中常侍趙忠張讓削戶六千更封都鄉侯具瑗有罪詣獄謝上還東武侯印綬上文作東武陽侯詔貶為都鄉侯是都鄉侯在列侯之下也趙忠以與誅梁冀功封都鄉侯單超傳但言鄉侯今從令傳延熹八年貶為關內侯本傳作關中侯今從超傳單是都鄉侯在關內侯之上也關內侯無食也如淳以弟但爵其身見之記高后紀註吳志孫賁封都亭侯子鄰嗣進封都鄉侯是都鄉侯在都亭之上良賀卒帝封其養子為都鄉侯三百戶是都鄉侯所食之戶數也梁冀得罪徙封比景都鄉侯是都鄉侯亦必有所封之地而不言者史略之也鄉侯都亭侯亭侯或言地或不言地亦同此皇后紀都亭侯註凡言都亭者竝城內亭也宋書百官志縣侯第三品鄉侯第四品亭侯第五品關內侯第六品

而無都鄉侯都亭侯

封君

七國雖稱王而其臣不過称君孟嘗君平原君信陵君春申君是也秦則有稱侯者如穰侯應侯文信侯而蔡澤但為剛成君漢興列侯曰侯関內侯曰君孔霸以師賜爵關內侯號褒成君其薨也謚曰烈君孔光傳

圖

宋時登科錄必書某縣某鄉某里人蕭山縣志曰改鄉為都改里為圖自元始嘉定縣志曰圖即里也不曰里而曰圖者以每里冊籍首列一圖故名曰圖是矣今俗省作啚謝少連作歙志乃曰啚音鄙左傳都鄙有章即其立名之

始趙宧光亦曰都鄙本作啚俗誤讀圖其說鑿矣

亭

秦制十里一亭十亭一鄉風俗通曰漢家因秦大率十里一亭亭留也蓋行旅宿會之所以今度之蓋必有居舍如今之公署鄭康成周禮遺人註曰若今亭有室矣故霸陵尉止李廣宿亭下張禹奏請平陵肥牛亭部處上以賜禹徙亭它所而漢書註云亭有兩卒一為亭父掌開閉埽除一為求盜掌逐捕盜賊任安光為求盜亭父後為亭長是也晉時有亭子劉卞為縣小吏功曹衛之以他事補亭子又况有城池如令之村堡今福建廣東凡巡司皆有城韓非子吳起為魏西河守秦有小亭臨境起攻亭一朝而拔之漢書息夫躬歸國未有第宅寄居丘亭姦人以為侯家富常夜守之匈奴傳見畜布

野而無人收者，臣之乃攻亭。後漢書公孫瓚傳：卒逢鮮卑數百騎，乃退入空亭是也。減宣怒其吏成信，信亡藏上林中，宣使郿令將吏卒闌入上林中蠶室門攻亭，格殺信。是上林中亦有亭也。又以有人民，如今之鎮集。漢封功臣有亭侯是也。亦謂之下亭。風俗通：道絶，宣州牧行部多宿下亭是也。其都亭則如今之關廂。司馬相如往臨邛，舍都亭。史記索隱曰：郭下之亭也。漢書註師古曰：臨邛所治都之亭。後漢陳寔嘗為都亭刺佐。嚴延年母止都亭，不肯入府。何竝斬王林卿奴頭，并所剝建鼓，置都亭下。後漢書：陳王寵有彊弩數千張，出軍都亭。會稽太守尹興使陸續於都亭賦民饘粥。酒泉龐娥刺殺讐人於都亭。吳志：魏使邢貞拜權為吳王，權出都亭候貞是也。京師亦有都亭。後漢書：張綱埋其車輪於雒陽都亭。竇武召會此軍五校士屯都亭何進率左右羽林五營士屯都亭王喬為葉令帝迎取其鼓置都亭下是也蔡質漢儀雒陽二十四街街一亭十二城門門一亭又謂之旗亭史記三代世表褚先生言與方士考功會旗亭下是也西京賦曰旗亭五重薛綜註旗亭市門樓也立旗於其上故取名焉後代則但有郵亭驛亭之名而失古者居民之義矣晋書載紀慕容盛請入鄴城拜廟苻丕不許乃潛服而入亭吏禁之盛怒斬吏燒亭而去是晋時尚有亭名

亭侯

通典獻帝建安初封曹操為費亭侯亭侯之制自此始也恐不然靈帝以解瀆亭侯入繼桓帝紀封單超等五人為縣侯尹勳等七人為亭侯列傳中為亭侯者甚多大抵皆

在章和以後丁綝言能薄功微得鄉亭厚矣樊宏願還壽張食小鄉亭則建武中似已有亭侯矣楚漢春秋高祖封許負為鳴雌亭侯裴松之曰高祖時封皆列侯未有鄉亭之爵疑為不然蜀志中山靖王子貞元狩六年封涿縣陸城亭侯按漢書作陸城侯志文衍一亭字

漢書王莽傳改大郡至分為五郡縣以亭為名者一百六十以應符命文

社

社之名起於古之國社里社故古人以鄉為社大戴禮千乘之國受命於天子通其四疆教其書社管子方六里名之曰社是也左傳昭公二十五年齊侯唁公曰自莒疆以西請致千社註二十五家為社千社二萬五千家史記孔子世家

冉有曰雖累千社夫子不利也索隱曰二十五家爲社　哀公十五年齊與衛地自濟以西禚媚杏以南書社五百晏子景公予魯君地山陰數百社又曰景公祿晏子以平陰與槀邑反市者十一社又曰昔吾先君桓公以書社五百封管仲不辭而受荀子與之書社三百而富人莫之敢距戰國策秦王使公子他謂趙王曰太國不義以告敝邑而賜之二社之地商子湯武之戰士卒坐陳者里有書社呂氏春秋武王勝殷諸大夫賞以書社又曰衛公子啓方以書社四十下衛又曰越王請以故吴之地陰江之浦書社三百以封墨子今河南太原青州鄉鎮猶以社爲稱古者春秋祭社一鄉之人無不會集三國志注蔣濟爲太尉嘗與桓範會社下是也漢書

五行志兗州刺史浩賞禁民私所自立社臣瓚曰舊制二十五家為一社而民或十家五家共為田社是私社隋書禮儀志百姓二十五家為一社其舊社及人稀者不限後人聚徒結會亦謂之社萬曆末士人相會課文各立名號亦曰某社某社崇禎中有陸文升奏訐張溥等復社一事至奉旨察勘在事之官多被降罰宋史薛顏傳耀州豪姓李甲結客數十人號沒命社曾鞏傳章丘民聚黨村落間號霸王社石公弼傳揚州羣不逞為俠於閭里號亡命社而隋末譙郡賊有黑社白社之名元史泰定帝紀禁饑民結扁擔社傷人者杖一百不知今之士人何取而名此也

天啓以後士子書刺往來社字猶以為汎而曰盟曰社盟此遼史之所謂刺血友也

今日人情相與惟年社鄉宗四者而已除却四者便窅然喪其天下焉

歷代帝王陵寢

宋太祖乾德四年十月癸亥詔歷代帝王陵寢太昊以下十六帝各給守陵伍戸蠲其他役長吏春秋奉祀商中宗以下十帝各給三戸歲一享秦始皇以下十五帝各給二戸三歲一祭周桓王以下三十八帝州縣常禁樵采仍詔吳越國王錢俶修奉禹墓其時天下未一而首發此詔可謂盛德之事惜當日儒臣考之不審以致傳訛後世如云

周文王武王成王康王並葬京兆咸陽縣者按劉向曰文
武周公葬于畢史記周本紀太史公曰畢在鎬東南社中
皇覽曰文王武王周公冢皆在京兆長安鎬聚東社中後漢
志鎬在上林苑東孟康曰長安西南有鎬池郭璞山海經註同書序周公薨成
王葬于畢傳曰不敢臣周公故使近文武之墓正義曰案
帝王世記云文武葬於畢畢在社南晉書地道記亦云畢在
杜南與畢陌列史記周本紀正義引括地志曰文王武王
墓在雍州萬年縣西南二十八里畢原上此其在渭水之
南杜縣之中甚明雍録曰文都豐武都鎬豐鎬與杜相屬則文皇覽謂文王葬于渭南者其理順也文
王既葬渭南則周公葬畢必附文墓矣而今乃祭於渭北咸陽縣之北十
五里蓋據顔師古劉向傳註畢陌在長安西北四十里之

誤地道紀已明言与畢陌别矣按史記秦本紀集解引皇覽曰秦武王冢在扶風安陵縣西北畢陌中大冢是也人以為周文王冢非也周文王冢在社中又秦始皇本紀末正義曰括地志云秦悳文王陵在雍州咸陽縣西北一十四里又云秦悼武王陵在雍州咸陽縣西十里俗名周武王陵非也是昔人已辯之甚明今祭周之文王武王而于秦悳文王悼武王之墓不亦誣乎雍録言元和一志皆李吉甫為之而周公之墓六遂西出一云在萬年縣西南二十八里一云在咸陽縣北十三里則是自相殊異原其誤皆起于畢名之有两也至云後魏孝文帝長陵在耀州富平縣東南尤謬魏書言帝孝于文明太后乃于永固陵東北里餘營壽宮遂有終焉之志及遷雒陽乃自表瀍西以為山陵之所而方山虛宮號曰萬年

堂云其曰方山者代都也瀍西者雒陽也孝文自代遷雒安得葬富平哉葬富平者西魏之文帝乃孝文之孫名寶炬以南陽王為宇文泰所立在位十七年葬永陵魏書出於東朝不載其事而北史為立本紀且曰嘗登逍遥觀望嵯峨山謂左右曰望此令人有脫屣之意然則今富平縣東南三十里之陵即永陵也后妃傳文帝悼皇后郁久閭氏大統六年崩葬于少陵原十七年合葬永陵當會橫橋此后梓宮先至鹿苑帝轀輬後来將就次所軌折不進上有宋碑乃謬指為孝文之葬而歷代因之豈非五代喪亂之餘在朝罕淹通之士而率爾頒行不遑尋究以至于今日乎宋游師雄紹聖元年普亭寺題名亦指此為西魏文帝陵嗟乎近事之著在史書灼然如此而世之儒生且不能知乃欲與之考橋山訂蒼梧其茫然而

失據也宜矣

又考冊府元龜唐高宗顯慶二年二月帝在雒陽宮遣使以少牢祭漢光武帝後魏孝文帝陵則孝文之祭在雒陽於唐時未誤又曰憲宗元和十四年正月詔以周文王武王祠在咸陽縣俾有司修飾則似已在渭北矣魏書孝文太和二十一年五月遣使者以太牢祭周文王于酆武王於鎬隋書祀周文王武王於灃渭之郊舊唐書周文王太公配祭于酆周武王周公召公配祭于鎬並與皇覽之言合自古所傳當在渭南又韓文公南山詩前尋徑杜墅岔蔽畢原陋亦謂其在杜中韓即元和閒人或其遺跡未泯憲宗之詔言祠不言墓非一地也

乾德四年詔誤以魏孝文帝爲一人淳化閣帖誤以梁高祖武帝爲二人宋史黄伯思病淳化閣帖乖譌龐襍作刊誤二卷

堯冢靈臺

漢書地理志濟陰成陽有堯冢靈臺後漢書章帝紀元和二年二月東巡狩使使者祠唐堯于成陽靈臺安帝紀延光三年二月庚寅使使者祠唐堯於成陽皇覽云堯冢在濟陰成陽皇甫謐帝王世紀云堯葬濟陰成陽西北四十里是爲穀林水經注城陽西二里有堯陵陵南一里有堯母慶都陵於城爲西南稱曰靈臺後漢堯母碑曰慶都山殁蓋葬于茲欲人莫知名曰靈臺鄉曰崇仁邑號修義皆立廟四周列水潭而不流水澤通泉泉不耗竭至豐魚笋不敢採捕廟前並列數碑栝柏

成林二陵南北列馳道逕通皆以磚砌之尚修蓋堯陵吏城西五十餘步中山夫人祠堯妃也石壁堦墀仍舊南西北三面長櫟聯蔭扶疏里餘中山夫人祠南有仲山甫冢冢西有石廟羊虎破碎略盡於城為西南在靈臺之東北宋史神宗熙寧元年七月己卯知濮州韓鐸言堯陵在雷澤縣東穀林山陵南有堯母慶都靈臺廟請敕本州春秋致祭置守陵五戶免其租奉洒掃從之成陽在漢為濟陰屬縣北齊廢隋復置為雷澤縣唐宋因之金復廢今曹州東北六十里故雷澤城是也而集古錄有漢堯祠及堯母祠碑是廟與碑宋時猶在也元史泰定帝紀泰定二年四月丁酉濮州鄄城縣言城西堯冢上有佛寺請徙之不報然開寶之詔帝堯之祠乃在鄆州今在東平州東北三十里蘆泉

陽山之意者自石晉開運之初黃河決於曹濮堯陵爲水所侵乃移之高地乎而後代因之不復考正矣

舜陟方乃死見於書禹會諸侯于塗山見於傳惟堯不聞有巡狩之事墨子曰堯北教乎八狄道死葬蛩山之陰舜西教乎七戎道死葬南巳之市禹東教乎九夷道死葬會稽之山此戰國時人之說也自此以後呂氏春秋則曰堯葬於穀林太史公則曰堯作游成陽劉向則曰堯葬濟陰竹書紀年則曰帝堯八十九年作游宮於陶九十年帝游居于陶一百年帝陟于陶說文陶再成丘也在濟陰有堯城堯嘗所居故號陶唐氏而堯之冢始定于成陽矣但堯都平陽相去甚遠耄期之年禪位之後豈復有巡游之事

哉因堯偃朱之説竝出于竹書而鄄城之蹟亦復相近括地志曰故堯城在濮州鄄城縣東北十五里竹書云昔堯德衰為舜所囚也又有偃朱城在縣西北十五里竹書云舜囚堯復偃塞丹朱使不與父相見也按此皆戰國人所造之説或人告燕王謂啓攻益而奪之天下韓非子言湯使人説務光自投于河大抵類此詩書所不載千世之遠其安能信之

山海經海外南經狄山帝堯葬于陽註呂氏春秋曰堯葬穀林今成陽縣西東河縣城次鄉中赭陽縣湘亭南皆有堯冢

臨汾縣志曰堯陵在城東七十里俗謂之神林高一百五十尺廣二百餘步旁皆山石惟此地為平土深丈餘其廟正殿三間廡十間山後有河一道有金泰和二年碑記竊考舜陟方乃死其陵在九疑禹會諸侯于江南計功而崩

其陵在會稽惟堯之巡狩不見經傳而此其國都之地則此陵爲堯陵無疑也按志所論似爲近理但自漢以來皆云堯葬濟陰成陽未敢以後人之言爲信

生祠

漢書萬石君傳石慶爲齊相齊人爲立石相祠于定國傳父于公爲縣獄吏郡中爲之立生祠號曰于公祠漢紀欒布爲燕相有治迹民爲之立生祠此後世生祠之始今代無官不建生祠然有去任未幾而毁其像易其主者舊唐書狄仁傑爲魏州刺史人吏爲立生祠及去職其子暉爲魏州司功参軍貪暴爲人所惡乃毁仁傑之祠則唐時已有之矣後漢書張翕爲越嶲太守有遺愛其子端後

為太守夷人懽喜奉迎道路曰郎君儀貌類我府君後端頗失其心有欲叛者諸夷耆老相曉語曰當為先府君故遂以得安然則魏人之因子而毀其父祠曾越嶲夷人之不若耶

生碑

西京雜記平陵曹敞其師吳章為王莽所殺人無敢收葬者弟子皆更名他師敞時為司徒掾獨稱吳章弟子收葬其屍平陵人生為立碑於吳章墓側此生立碑之始

晉書南陽王模為公師藩等所攻廣平太守丁邵率衆救模模感邵德勑國人為邵生立碑唐郴為使持節監幽州諸軍事百姓追慕郴功德生為立碑作頌史之所書居官

而生立碑者有此二事

唐武后聖曆二年制州縣長吏非奉有勑旨毋得擅立碑劉禹錫高陵令劉君遺愛碑序曰太和四年高陵人李仕清等六十三人具前令劉君之德詣縣請以金石刻縣令以狀申於府府以狀考于明法吏吏上言謹按寳應詔書凡以政績將立碑者具所紀之文上尚書考功有司考其詞宜有紀者乃奏明年八月庚午詔曰可舊唐書鄭瀚傳改考功員外郎刺史有驅迫人吏上言政績請刊石紀德者瀚探得其情條責廉使巧跡遂露人服其敏識是唐時頌官長德政之碑必上考功奉旨乃得立宋史言太祖建隆元年十月戊子詔諸道長貳有異政請立碑者委參軍

驗實以聞今世立碑不必請旨而華衮之權操之自下不但溢美之文無以風勸而植于道旁亦無過而視之者不旋踵而與他人作鎮石矣

册府元龜宋璟為相奏言臣伏見韶州奏事云廣州與臣立遺愛頌璟嘗為廣州都督夫碑所以頌德紀功臣在郡日課無所稱幸免罪戾一介俗吏何足書能濫承恩施見在樞密以臣光寵成彼諂諛欲革此風望自臣始請勅廣州即停從之時鄭州百姓亦為前刺史孟温禮樹碑因是亦命罷之

張籍送裴相公赴鎮太原詩明年塞北清蕃落應建生祠詩立碑以晉公之勳名而頌祝之辭止此當日碑祠之難

淂可知矣

張公素

大明一統志永平府名宦有唐張仲素德宗時以列將事盧龍軍節度使張允仲擢平州刺史允仲卒詔仲素代為節度使同平章事考之新舊唐書列傳並云張仲武為盧龍節度使破降回鶻又破奚北部及山奚威加北狄擢累簡校司徒同中書門下平章事卒一統志亦有張仲武列于仲素之後子直方多不法畏下變起奔京師軍中以張允仲總後務詔賜旌節在鎮二十三年比歲豐登邊鄙無虞張公素以軍校事允伸擢平州刺史允伸卒子簡會為副大使公素以兵來會喪簡會出奔詔以公素為節度使性暴厲眸子多白燕

人號白眼相公為李茂勳所襲奔京師貶復州司戶參軍

按盧龍節度使前後三人皆張姓曰仲武曰允伸曰公素今乃合二名而曰仲素及詳其歷官即公素也又其逐簡會在懿宗咸通十三年距德宗時甚遠且又安取此篡奪暴厲之人而載之名宦乎今灤州乃祀之名宦祠吁其辱朝廷之典而貽千載之笑也已

又考唐時別有一張仲素字繪之元和中為翰林學士有詩名舊唐書楊於陵傳所謂屯田員外郎張仲素白居易燕子樓詩序所謂司勳員外郎張仲素續之今本長慶集誤作績之即其人也然非盧龍節度使張濬傳祖仲素位至中書舍人

王亘

肇慶府志宋王亘淳熙中為慱羅令築隨龍蘇村二堤民賴其利後知南恩一統志誤作王旦今慱羅名宦称宋丞相文正公前慱羅令而不知文正未嘗為此官宋史王旦傳起家以大理評事知平江縣淳熙又孝宗年號也蓋士不讀書而祀典之荒唐也久矣

日知錄卷之二十四

姓

言姓者本于五帝見於春秋者得二十有二媯虞姓出顓頊封於陳姒夏姓出顓頊封于杞鄫越（傳云沈姒蓐黃春秋時無考）子殷姓出高辛封於宋（小戎亦子姓）姬周姓出黃帝封於管蔡郕霍魯衛毛聃郜雍曹滕畢原酆郇邗晉應韓凡蔣邢茅胙祭吳虞虢鄭燕魏芮彤荀賈耿滑焦揚密隨巴諸國（驪戎犬戎皆姬姓）任宿須句顓臾風姓也自太皞秦趙梁徐郯江黃莒麇嬴姓也自少皞莒己姓薛任姓（隱十一年疏引世本謝章薛舒呂祝終泉畢過十國皆任姓）南燕姞姓也自黃帝（密須亦姞姓國語又有酉滕葴荀僖儇依七姓其封國在周世無考）杜祁姓也自陶唐楚夔叔芈姓郳鄒曹姓鄅偪陽妘

姓鬷夷董姓也自祝融（國語又有彭禿斟三姓在周世無考）齊申呂許紀州向姜姓也自炎帝（又有姜戎）蓼六舒舒鳩偃姓也自咎繇胡歸姓鄧曼姓羅熊姓狄隗姓鄋瞞漆姓陰戎允姓六者不詳其所自出（國語以莒為曹姓越為芊姓与此異）略舉一二論之則今之孟氏季氏孫氏甯氏游氏豐氏皆姬陳氏田氏皆嬀華氏向氏樂氏魚氏皆子崔氏馬氏皆姜屈氏昭氏景氏皆芊自戰國以下之人以氏為姓而五帝以来之姓亡矣（或曰嬴姓出于祝融卲葛毅皆嬴姓伯益賜姓嬴秦趙徐乃其後冢所引姓氏大抵出于世本今其書亡不能備考凡註疏）

氏族

禮記大傳正義諸侯賜卿大夫以氏若同姓公之子曰公子公子之子曰公孫公孫之子其親已遠不得上連于公

故以王父字為氏若適夫人之子則以五十字伯仲為氏
若魯之仲孫季孫是也若庚子姜子則以二十字為氏記所
云冠而字之々字則展氏臧氏是也若異姓則以父祖官及所食
之邑為氏以官為氏者則司馬司城是也以邑為氏者若
韓趙魏是也凡賜氏族者比為卿乃賜有大功德者生賜
以族若叔孫得臣是也雖公子之身若有大功德則以公
子之字賜以為族若仲遂是也其無功德死後乃賜族若
無駭是也按此論亦多不然詳見第三卷卿不書族條其子孫若為卿其君不
賜族子孫自以王父字為族也氏族對文為別散則通也
故左傳云問族於衆仲下云公命以字為展氏是也其姓
與氏散亦得通故春秋有姜氏子氏姜子皆姓而云氏是

也

戰國時人大抵稱猶氏族戰國策甘茂曰昔者曾子處費費人有與曾子同名族者而殺人不言姓而言族可見當時未嘗以氏為姓也漢人則通謂之姓然氏族之稱猶有存者漢書恩澤侯表褒魯節侯公子寬以魯頃公玄孫之玄孫奉周祀元始元年六月丙午封子相如嗣更姓公孫氏平帝紀封周公後公孫相如為褒魯侯當依表作公子寬後更為姬氏公子公孫氏也姬姓也此變氏稱姓之一證

水經註漢武帝元鼎四年幸雒陽巡省豫州觀于周室邈而無祀詢問耆老乃得孼子嘉封為周子南君以奉周祀按汲冢古文謂衛將軍文子為子南彌牟其後有子南勁紀年勁朝于魏後惠成王如衛命子南為侯秦并六國衛

最後滅疑嘉是衛後故氏子南而称君也據此嘉本氏子南武帝即以其氏命之為爵而漢書恩澤侯表竟作姬嘉則沒其氏而書其姓矣與襃魯之封公孫氏更為姬氏者正同

姓氏之称自太史公始混而為一本紀於秦始皇則曰姓趙氏於漢高祖則曰姓劉氏

氏族相傳之訛

氏族之書所指秦漢以上者大抵不可盡信唐書表李氏則云紂之時有理徵字德靈為翼隸中吴伯（本李延壽北史序傳）不知三代時無此名字無此官爵也表王氏則云周靈王太子晉以直諫廢為庶人傳記亦無此事王氏定著三房一

曰琅邪，二曰太原，皆出靈王太子晉；三曰京兆，出魏信陵君；是凡王皆姬姓矣。乃王莽自云舜後，漢書元后傳：莽自謂黃帝之後。黃帝姓姚氏，八世生虞舜，舜起嬀汭，以嬀為姓。至周武王封舜後嬀滿于陳，是為胡公。十三世生完，完字敬仲，奔齊，齊桓公以為卿，姓田氏。十一世田和有齊國，三世稱王，至王建為秦所滅。項羽起，封建孫安為濟北王。至漢興，安失國，齊人謂之王家，因以為氏。莽敗，其族尚全，未必無後裔；而春秋吳有王犯，晉有王良，范氏之臣王生；戰國齊有王斗、王蠋、王驩，費有王順，魏有王錯，趙有王登，秦有王稽、王齕、王翦、王綰、王戊，過秦論有王廖，未知何國人。亦未必同出于靈王也。野客叢書：曹子建作王仲宣誄曰：流裔畢萬，末冑稱王，厥姓斯氏，條分葉散，世滋芳烈，揚聲秦漢。呂向註：秦有王翦、王離，漢有五侯。按王粲系畢公高之後，畢萬封于魏，魏後十代文侯始列為侯，至孫稱惠王，因以王為氏。而秦之翦、離自周太子晉之後，漢之五侯自齊田和之後，此三派元不相干，註引為一，誤矣。故新莽以姚、嬀、陳、田、王五姓為宗室，且禁元城王氏勿與四姓為婚。

而已自取王訢之女魏東萊王基為子納太原王沈女韓皆不以為嫌蓋知此也庾信作宇文㑥墓志亦有是誤文公作王仲舒神道碑文云王氏皆王者之後在太原者為姬姓春秋時王子成文敗狄有功因陽氏此語郤有斟酌

竇氏古無所考類族者不得其本見左傳有后緡方娠逃出自竇之文即為之說曰帝相妃有仍氏亡逃出自竇奔歸有仍生少康少康次子曰龍留居有仍遂為竇氏唐書宰相表母系此与王莽引易伏戎子于莽升其高陵莽皇帝名也升劉伯升也何以異哉乃韓文公作竇牟墓誌后緡竇逃閔腹子夏以再家竇為氏亦用此事竊意古地以竇名者甚多必是以地為氏路史曰余嘗攷之古之得姓者未有不

本乎始封者也其氏于事者蓋寡矣而姓書氏譜一每為之曲説至有棄其祖之所自出又牽異類而屬之豈不悲哉正謂若此之類也

漢時碑文所述氏族之始多不可據如魏蔣濟郊議稱曹騰碑文云曹氏族出自邾王沈魏書云其先出于黃帝當高陽世陸終之子曰安是為曹姓周武王克殷封曹挾於邾至戰國為楚所滅子孫分流或家於沛而魏武作家傳自云曹叔振鐸之後陳思王作武帝誄曰於穆武王胄稷諸周則又姬姓之後以國為氏者矣及至景初中明帝從高堂隆議謂魏為舜後詔曰曹氏世系出自有虞氏今祀圜丘以始祖帝舜配後少帝禪晉文亦稱我皇祖有虞氏

則又不知其何所據宋書符瑞志載博士蘇林董巴言但云魏之氏族出自顓頊与舜同祖見於春秋世家魏志蔣濟以爲舜本姓媯其苗曰田非曹之先著文以追詰隆夫以一代之君而三易其祖豈不可笑況於士大夫乎

程氏出程伯休父太史公自序云重黎氏世序天地其在周程伯休甫其後也應劭曰封為程國伯休甫字也其後為司馬氏晉書宣帝紀其先出自帝高陽之子重黎為夏官祝融歷唐虞夏商世序其戢及周以夏官為司馬其後程伯休父周宣王時以世官克平徐方錫以官族曰而為氏而左傳成十八年晉欒書中行偃使程滑弒厲公註程滑晉大夫襄二十三年程鄭嬖於公註鄭亦荀氏宗此則晉之程氏乃荀氏之別不與休父同出今既祖休父又祖程嬰則誤矣路史以荀為文王之後子華子之書亦言其族出於司馬而又曰趙則真吾姓之所宗氏也則程人与趙同祖朱子曰子華子近世偽

書今或引其説以證姓氏之所從出則誣其祖矣 又按莊子及呂氏春秋子華子韓昭釐侯時人非孔子所見之程子

沈氏宋書沈約自序昔少皞金天氏有裔子曰昧為玄冥師生允格臺駘臺駘能業其官宣汾洮障大澤以處太原帝顓頊嘉之封諸汾川其後四國沈姒蓐黃沈子國今汝南平輿沈亭是也汝南去汾州甚遠 春秋之時列于盟會定公四年諸侯會召陵伐楚沈子不會晉使蔡伐沈滅之以沈子嘉歸按沈姒蓐黃四國皆在汾水之上為晉所滅左氏昭公元年傳曰今晉主汾而滅之矣黃非江人黃人之黃則沈亦非沈子嘉之沈休文乃竝列而合之為一誤也唐宰相世系表曰沈氏出自姬姓周文王第十子聃叔季食采於沈汝而平輿沈亭

郎其地也此為得之又按魯有沈猶氏家語魯之販羊有沈猶氏者曾子弟子沈猶行是以地為姓漢書景帝封楚元王子歲為沈猶侯

白氏唐白居易自序家狀曰出於楚太子建之子白公勝楚殺白公其子奔秦代為名將乙丙已降是也裔孫白起有大功于秦封武安君按白乙丙見於僖之三十三年白公之死則哀之十六年後白乙丙一百四十八年曾謂樂天而不考古一至此哉唐宰相世系表以西乞術白乙丙為孟明之子尤誤

楊氏漢書楊从扌雄傳曰其先出自有周伯僑者以支庶食采於晉之楊左傳楊字以木因氏焉楊在河汾之閒周衰而揚氏或稱侯號曰楊侯會晉六卿爭权韓魏趙興而范中行知伯樊當是時偪揚侯楊侯逃於楚巫山因家為此誤以楊

侯與楊食我為一人也唐書宰相世系表曰楊氏出自姬姓周宣王子尚父封為楊侯又云晉之公族食邑於羊舌左傳正義引世族譜云羊舌其所食邑名凡三縣一曰銅鞮二曰楊氏三曰平陽羊舌曰族叔向食采楊氏其地平陽楊氏縣是也及晉滅羊舌氏而叔向子孫逃於華山仙谷遂居華陰用修據此以楊陽揚羊四姓為一尤誤按楊城即今之洪洞縣本楊侯國左氏女叔侯所云霍楊韓魏皆姬姓也襄二十九年而子雲反離騷亦云有周氏之嬋嫣兮或鼻祖於汾陽霊宗初諜伯僑兮流于末之楊侯不知其字何以為揚及其滅於晉而為大夫羊舌氏邑則食我始見於傳而楊朱與老子同時又非羊舌之族也陽氏則以國為氏以邑為氏皆

不可知（胡三省曰春秋閔公二年齊人遷陽子孫以国為氏又按昭公十二年齊高偃帥師納北燕伯于陽邑名是晉有陽處父乃在叔向之前而楚之陽匄魯之陽虎曾子弟子有陽膚）非一陽也宋之羊斟鄭之羊羅非一羊也安得謂陽為平陽羊為羊舌而並附之叔向乎

段氏後漢書段熲其先出鄭共叔段古人無以祖父名為氏者凡若此類皆不通之說按段氏當出自段干史記老子之子名宗宗為魏將封於段干（唐書世系表封於段為干木大夫謬）魏世家有段干木段干子田完世家有段干朋

褚氏唐宰相世系表云出自子姓宗共公子段字子石食采于褚其德可師號曰褚師按褚師乃官名不獨宋有此官鄭亦有之昭公二年鄭公孫黑請以印為褚師是也衛

亦有褚師聲子

賀氏晉書賀循傳曰會稽山陰人也其先慶普漢世傳禮所謂慶氏學族高祖純安帝時為侍中避安帝父清河王慶諱改為賀氏宋史賀鑄自言出王子慶忌居越之湖澤所謂鏡湖乃慶湖也見鑄本傳史即疑之然按古但有以王父字為氏無以名為氏者慶忌名也不得為氏而鏡湘本名鑑湖慶古音羌聲不相近若齊之慶氏居吴朱方見于左傳後人以慶封有弒君之惡諱之而欲更其祖其不反宋司馬華孫遠矣水經注有賀臺越入吴還而成之故號曰賀臺苟欲求越國之故何不取之于賀臺而必取之於鏡湖又改鏡而為慶耶

刀氏復古編作刁非云姓譜以為齊大夫竪刀之後胡三省曰竪

刀安得有後漢書貨殖傳有刀間愚按古書刀與貂通齊襄王時有貂勃

寇氏姓譜出自武王弟康叔為周司寇後人曰以氏焉按康叔為衛國之祖必無以王官氏其支庶之理此乃衛之司寇左傳哀二十五年有司寇亥即寇氏之祖也檀弓有司寇惠子

孔顏孟三氏

今之顏氏皆云兗國之裔考仲尼弟子列傳有顏幸顏高顏祖顏之僕顏噲顏何而孔子於衛主顏讎由此六人與讎由皆無後乎今之孔氏皆云夫子之裔春秋齊有孔虺衛有孔達陳有孔寧鄭有孔叔孔張此五族者皆無後乎

且夫子出於宋為子姓，而鄭姬姓，陳嬀姓，衛姓姞（哀十一年孔姞），可合而為一乎（史記貨殖傳：宛孔氏之先，梁人也，用鐵冶為業。秦伐魏，遷孔氏南陽。平準書：孔僅，南陽大冶）。

顏魯公作家廟碑云：「其先出於顓頊之孫祝融，融孫安為曹姓，其裔邾武公名夷甫，字顏，子友別封郳，為小邾子，遂以顏為氏，多仕魯為卿大夫。」按左傳襄十九年：「齊侯娶于魯，曰顏懿姬，其姪鬷聲姬。」註曰：「顏、鬷，字；姬，母姓氏。」當云母，則顏之為姬姓、為魯族審矣（姓譜曰：顏姓本自魯伯禽文子有食采顏邑者，因以為族）。其出於邾之說，本自圈稱、葛洪，蓋徒見公羊於邾有顏公之稱，而不考之於左氏也。莒之犂比公，豈必為犂弥之祖乎？公羊傳謂邾婁顏淫九公子于宮中，因以納賊，周天子誅顏而立孝公于魯，非隱公所盟之儀父，不知何取於古人而以

祖之為

春秋時以孟為字者甚多今之孟氏皆祖子輿前代亦未之有也魏書孟表濟北蛇丘人自云本屬北地號索里諸孟古時孟姓亦或与芒通史記秦本紀孼芒卯華陽索隱引譙周云孟卯也淮南子孟卯註引戰国策曰芒卯也

元史孔思晦傳五季時孔末之後方盛欲以偽滅真害宣聖子孫幾盡至是其裔復欲冒稱宣聖後思晦以為不早辨則真偽久益不可明彼與我不共戴天乃列于族與共拜殿庭可乎遂會族人作之而重刻宗譜于石然則今之以孔姓而濫通譜牒者可以戒矣

仲氏

漢濟陰太守孟郁修堯廟碑曰惟序仲氏祖統所出本繼

於姬周之遺苗天生仲山甫翼佐中興宣平功遂受封于齊周道衰微失爵亡邦後嗣乖散各相土擇居帝堯萌兆生長葬陵在于成陽聖化常存慕巍巍之盛樂風俗之美遂安處基業屬都鄉高相里因氏仲焉以傳于今其陰列仲氏有名者三十餘人又廷尉仲定碑畧同漢時仲氏自謂仲山甫之後託基於帝堯之陵而今則以為孔子弟子子路之後援顔曾孟之例而求為五經博士矣然春秋之以仲氏者不一而仲山甫未嘗封齊則漢人之祖山甫未必是而今人之祖子路亦未必非也

以國為氏

古人之氏或以謚或以字或以官或以邑無以國為氏者

其出奔他國然後以本國為氏敬仲奔齊而為陳氏是也其他若鄭丹宗朝楚建郳甲之類皆是也不然則亡國之遺裔也

今人姓同於國者多自云以國為氏非也夏氏出於陳之少西而非夏后氏之夏齊氏出於衛之齊惡而非齊國之齊左氏史記其最著明者矣秦堇父非秦國之秦狄虎彌非狄人之狄

姓氏書

姚寬西漢叢語曰姓氏之學莫盛於元和姓纂自南北朝以官職相高沿至於唐崔盧李鄭糾紛可鄙若以聖賢所本如媯姓子姓姬姓姜姓之類各分次其所從來以及春秋所紀用世本荀況譜杜預公子譜為法則唐虞三代列

國諸侯俱可成書此似太史公欲為而未就者耳愚嘗欲以經傳諸書次之首列黄帝之子得姓者十二人次則三代以上之得國受氏而後人因以為姓者次則戰國以下之見於傳記而今人通謂之姓者次則三國南北朝以下之見于史者又次則代北複姓遼金元姓之見于史者而無所考者別為一帙略舉其目曰姓本第一封国第二氏別第三秦漢以來姓氏合并第四代北姓第五遼金元姓第六複改姓第七無徵第八此則若網之在綱有條而不紊而望族五音之紛紛者皆無所用豈非反本類族之一大事哉

漢劉向撰世本二卷其書不傳今左傳註疏多本之然亦未必無誤

通譜

同姓通族見於史者自晋以前未有晋書石苞傳曾孫樸没於胡石勒以與樸同姓俱出河北引樸為宗室特加優寵位至司徒南史侯瑱傳侯景以瑱與己同姓託為宗族待之甚厚此以夷狄而附中國也晋書孫旂傳旂子弼及弟子髦輔琰四人並有吏材稱於當世遂與孫秀合族南史周弘正傳諂附王偉與周石珍（建康之厮隷也為梁制局監降侯景）合族舊唐書李義府傳義府既貴之後自言本出趙郡始與諸李敘昭穆而無賴之徒苟合籍其权勢拜伏為兄叔者甚衆李輔國傳宰相李揆山東甲族見輔國執子弟之禮謂之五父此以名門而附小人也凡此史皆書之以志其非今

人好與同姓通譜不知于史傳居何等也
北人重同姓多通譜系南人則有比鄰而各自為族者宋書王仲德傳北土重同姓謂之骨肉有遠來相投者莫不竭力營贍仲德聞王愉在江南是太原人乃往依之愉礼之甚薄魏書崔玄伯傳崔寬自隴右通款見司徒浩〻與相齒次厚撫之及浩誅以遠來疎族獨得不坐遂家於武城以一子繼浩弟覽妻封氏相奉如親北史杜銓傳初密太后杜氏父豹卒在濮陽太武欲令迎葬于鄴謂司徒崔浩曰天下諸杜何處望高朕意欲取杜中長老一人以為宗正令營護凶事浩曰京兆為美中書博士杜銓其家今在趙郡是杜預後於今為諸杜最召見銓以為宗正令與

杜超子道生送豹喪葬鄴南銓遂與超如親超謂銓曰既是宗正何緣僑居趙郡乃延引同属魏郡南史韋鼎傳陳亡入隋時吏部尚書韋世康兄弟顯貴文帝從容謂鼎曰世康與公遠近對曰臣宗族南徙昭穆非臣所知帝曰卿百代卿族豈忘本也命官給酒肴遣世康請鼎還杜陵鼎乃自楚太傅孟以下二十餘世並考論昭穆作韋氏譜七卷示之歡飲十餘日乃還

近日同姓通譜最為濫褻其實皆植黨營私為蠹國害民之事宜嚴為之禁欲合宗者必上之於官使諳悉古今者為之考定歲終以達禮部而類奏行之其不請而私通者屏之四裔然後可革其弊古之姓氏有專官掌之國語曰

使名姓之後能知上下之神祇氏姓之所出者為之宗又曰司商協名姓春官宗伯其屬有都宗人家宗人而女官亦有内宗外宗今日姓氏昏姻二事似宜專設一官方得教民之本

氏族之亂莫甚于五代之時當日承唐餘風猶重門蔭故史言唐梁之際仕宦遭乱奔亡而吏部銓文書不完因緣以為姦利至有私鬻告敕乱易昭穆而季父母舅反拜姪甥者豆盧革傳冊府元龜長興初鴻臚卿柳膺將齋郎文書兩件賣與同姓人柳居則大理寺斷罪當大辟以遇恩赦減死奪見任官罰銅終身不齒勅曰一人告身三代名諱傳於同姓利以私財上則欺罔人君下則貨鬻先祖罪莫大

焉自今以後如有此弊傳者受者竝當極法今則因無蔭叙遂弛禁防五十年來通譜之俗徧於天下自非明物察倫之主亟為澄別則滔滔之勢將不可反矣

唐朝已前最重譜牒如新唐書言河南劉氏本出匈奴之後劉庫仁柳城李氏世為契丹酋長營州王氏本高麗之類此同姓而不同族也又如魏書高陽王雍傳言博陵崔顯世號東崔地寒望劣此同族而不同望也故高士廉傳言每姓第其房望雖一姓中高下懸隔

異姓稱族自漢以來未有此事杜子美寄族弟唐十八使君詩云與君陶唐後盛族多其人聖賢冠史籍枝派羅源津則杜與唐為兄弟矣重送劉十弟判官詩云分源豕韋

泒别浦雁賓秋年事推兄忝人才覺弟優則杜與劉為兄弟矣韓文公送何堅序亦云何於韓同姓為近容齊三筆引孫愐唐韻曰韓成子孫分散江淮間因以韓為何字隨音變遂為何氏按詩揚之水一章言戍申二章言戍甫三章言戍許孔氏曰言甫許者以其俱為姜姓既重章以變同文借甫許以言申其實不戍甫許也

也六國時秦趙同為嬴姓史記漢書多謂秦為趙亦此類

史記秦本紀太史公曰秦以其先造父封趙城為趙氏陸賈傳秦任刑法不變卒滅趙氏索隱曰案韋昭云秦伯翳後與趙同出蜚廉造父有功周穆王封之趙繇此一姓趙氏漢書武五子傳趙氏無炊火焉韋昭曰趙秦之別氏南越傳蒼梧秦王晉灼曰秦王即趙光也趙本與秦同姓故曰秦王淮南子亦称秦始皇為趙政三國志陳思王上疏絶纓盗馬之臣赦楚趙以濟其難注秦穆公有赦盗馬事趙則未聞蓋以秦亦趙姓文選王融策秀才文訪游禽於絶澗作霸秦基李善註引韓非子所載趙董閼于事而云史記曰趙氏之先与秦共祖以其共祖故雖趙亦號曰秦又左思魏都賦二嬴之所曾聆李善註秦穆公趙簡子史記趙氏之先与秦同祖故曰二嬴也

崧高言生甫及

申孔氏曰此詩送申伯而及甫侯者美其上世俱出四嶽故連言之今人之於同姓幾無不通譜何不更廣之於異姓而以子美退之為例也

李華淮南節度使崔公頌德碑云惟申伯翼宣王登南邦與周室小白率諸侯征楚翟奉王職與崔公叶德同勲皆姜姓也

開元十九年於兩京置齊太公廟建中初宰相盧杞京兆尹盧諶以盧者齊之裔乃鳩其裔孫若崔盧丁呂之族合錢以崇飾之

元吳徵送何友道游萍鄉序云袁柳撫何二族各以儒官著而其初實一姬姓文之昭由魯之展而為柳武之穆由

晋之韓而為何氏不同而姓同

宋邵伯温聞見録云司馬温公一日過康節先生謁曰程秀才既見則温公也問其故公笑曰司馬出程伯休父

二字姓改一字

古時以二字姓改為一字者如馬宫本姓馬矢改為馬唐憲宗名純詔姓淳于者改姓于唐宰相世系表鍾離昧二子次曰接居潁川長社為鍾氏見之史冊不過一二自洪武元年詔胡服胡語胡姓一切禁止如今有呼姓本呼延乞姓本乞伏皆國初改而并中國所自有之複姓皆去其一字氏族之紊莫甚於此且如孫氏有二衛之良夫楚之叔敖竝見於春秋而公孫叔孫長孫士孫王孫之類今皆

去而為孫與二國之孫合而為一而其本姓遂亡公羊公沙公乘之類則去而為公毋丘毋將之類則去而為毋而其本姓遂亡司徒司空之類唐玄宗御注孝經碑末有司徒巨源李邕娑羅樹碑末有司徒立簡宋開寶商中宗廟碑翰林待詔司徒儼書宋史趙逢傳有禮部侍郎集賢殿學士司徒詡則去而為司司馬氏則去而或為司或爲馬而司馬之僅存於代者惟溫公之後所以然者蓋因儒臣無學不能如魏孝文改代北之姓一一為之條理而聽其人之所自為也然胡姓之改不始於是時唐書阿史那忠以擒頡利功拜左屯衛將軍妻以宗女定襄縣主賜名為忠單稱史氏韓文公集賢院校理石君墓誌云其先姓烏石蘭從拓跋魏氏入夏居河南遂去烏與蘭獨姓石氏劉靜修古里氏名字序

云吴景初本姓古里氏以女直諸姓今各就其近似者易從中國姓故古里氏例稱吴則固已先之矣肅宗上元二年詔氏姓與俗諱及隱同聲者宜改與本族望所出金世宗大定十三年五月戊戌禁女直人毋得渾為漢姓今完顏氏皆去完而為顏惟曲阜不敢冒完顏之姓特稱完氏

章丘志言洪武初翰林編修吴沈奉旨撰千家姓得姓一千九百六十八而此邑如朮如僪尚未之録廣韻僪字下註云齊大夫名今訪之朮姓有三四百丁自云金丞相朮虎高琪之後土人呼朮為張一叉按金史朮虎漢姓曰董今則但為朮姓蓋二字改為一字者而撰姓之時尚未登於黄冊也以此知單姓之改竝在國初以後而今代之山東氏族其出於金元之裔者多矣

洪武元年禁不得胡姓者禁中國人之更為胡姓元時有此俗

非禁胡人之本姓也三年四月甲子詔曰天生斯民族屬姓氏各有本原古之聖王尤重之所以别昏姻重本始以厚民俗也朕起布衣定羣雄為天下主已嘗詔告天下蒙古諸色人等皆吾赤子果有材能一體擢用比聞入仕之後或多更姓名朕慮歲久其子孫相傳昧其本原非先王致謹氏族之道中書省其告諭之如已更易者聽其改正可謂正大簡要至九年三月癸未以火你赤為翰林蒙古編修更其姓名曰霍莊北音讀霍如火蓋亦倣漢武賜日磾姓金之意然漢武取義於休屠王祭天金人亦以中國本無金姓也今中國本有霍姓而賜之霍則與周霍叔之後無别矣況其時又多不奉旨而自為姓者其年閏九月丙午淮

安府海州儒學正曾秉正言臣見近来蒙古色目人多改為漢姓與華人無異有求仕入官者有登顯要者有為富商大賈者非我族類其心必異宜令復姓庶可辨識又臣前過江浦見塞外之俘累累而有江統徙戎之論不可不防至永樂元年九月庚子上謂兵部尚書劉儁曰各衛韃靼人多同名宜賜姓以别之於是兵部請如洪武中故事編置勘合給賜姓氏按洪武中勘合賜姓實録不載惟十六年二月故元雲南右丞觀音保降賜姓名李觀又宣宗實録丑閭洪武二十一年来歸賜姓名李賢從之三年七月賜把都帖木兒名吳允誠倫都兒灰名柴秉誠保住名楊效誠自此遂以為例而華宗上姓與戎狄之種相亂惜乎當日之君子徒誦用夏變夷之言而無類族辨物之道使舉籍胡

人之來歸者賜以漢姓所無不妨如拓跋宇文之類二字為姓則既不混於古先帝王氏族神明之胄而又使百世之下知本朝遠服四夷其得姓於朝者凡若干族豈非曠代之盛舉哉

北方門族

杜氏通典言北齊之代瀛冀諸劉清河張宋并州王氏濮陽侯族諸如此輩近將萬室北史薛胤傳為河北太守有韓馬兩姓各二千餘家今日中原北方雖號甲族無有至千丁者戶口之寡族姓之衰與江南相去夐絕其一登科第則為一方之雄長而同譜之人至為之僕役此又風俗之敝自金元以來陵夷至今非一日矣

冒姓

今人多有冒母家姓者漢書外戚恩澤侯表扶柳侯呂平以皇太后姊長姁子侯師古曰平既呂氏所生不當姓呂葢史家唯記母族也按是時太后方封呂氏故平以姊子冒呂姓而封耳唐書天后紀聖曆二年臘月賜皇太子中宗姓武氏然則有天子而冒母姓者與

漢書景十三王傳趙王彭祖取江都易王寵姬王建所姦淖姬者甚愛之生一男號淖子晉書會稽王道子傳許榮上疏言今臺府局吏直衞武官及僕隸婢兒取母之姓者本臧獲之徒無鄉邑品第是知冒母為姓皆人倫之所鄙賤然亦有帝子而稱母姓者如栗太子衞太子史皇孫之

類則以其失位而名之也外戚傳上憐許太子蚤失母蓋霍后時人稱之

呂平以太后姊長姁子侯此冒母姓之始夏侯嬰傳曾孫頗尚主隨外家姓號孫公主故滕公子孫更為孫氏此冒外祖母姓史記灌夫傳父張孟為潁陰侯嬰舍人得幸因進之至二千石故蒙灌氏姓為灌孟大宛傳堂邑氏故胡奴甘父漢書註服虔曰堂邑姓也漢人其奴名甘父師古曰堂邑氏之奴本胡人名甘父下云堂邑父者蓋取主之姓以為氏而單稱其名曰父此冒主姓之始新唐書元載父景昇為曹王明妃元氏掌田租請于妃冒為元氏

兩姓

漢書百官表建昭三年七月戊辰衛尉李延壽為御史大夫一姓繁

古人二名止用一字

晋侯重耳之名見於經而定四年祝佗述踐土之盟其載書止曰晋重豈古人二名可但称其一歟昭二年莒展輿出奔呉傳曰莒展之不立晋語曹僖負羈称叔振鐸為先君叔振亦二名而稱其一也

昭二十一年蔡侯朱出奔楚穀梁傳作蔡侯東出奔楚乃為之説曰東者東國也東國隱太子之子平侯廬之弟朱叔父也何為謂之東也王父誘而殺焉父執而用焉奔而又奔之曰東惡之而貶之也然則以削其一名為貶也定六年季孫斯仲孫忌帥師圍鄆杜氏註何忌不言何闕文

王莽孫宗得罪自殺復其本名會宗貶厥爵改厥號是又

以增其一名為貶也

班固幽通賦發還師以成命兮重醉行而自耦潘岳西征賦重戮帶以定襄弘大順以霸世文公名正用一字本於踐土載書却非翦截古人名字之比至岳為関中詩云紛紜齊萬亦孔之醜馬汧督誄云齊萬哮闞震驚台司則不通矣豈有以齊萬年為齊萬者邪若梁王彤為征西大将軍而詩云桓桓梁征尤不成語

班固幽通賦巨滔天而泯夏王莽字巨君止用一巨字王逸九思管束縛兮桎梏百貿易兮傳賣鬻音遭桓繆兮識舉才德用兮列施百里奚止用一百字此体後漢人已開之矣

呂氏春秋干本光乎德去段字今本呂氏春秋有段字惜誓來革順志而用國去惡字此為翦截名字之祖文中竝称兩人而一氏一名尤為変體杞殖華還二人也而淮南子称為殖華賈誼新書使曹勃不能制曹參勃周勃也史記孟子荀卿傳管嬰不及管管仲嬰晏嬰也司馬遷報任安書周魏見辜周周勃魏魏其侯竇嬰也楊雄長楊賦乃命驃衛驃驃騎將軍霍去病衛大將軍衛青也杜欽傳覽宗宣之饗國常昭曰宗殷高宗也宣周宣王也徐樂傳名何必夏子俗何必成康服虔曰夏禹也子湯也湯子姓班固幽通賦周賈盪而貢憤周莊周賈賈誼也漢庠彰長碑云悉父事毋有柴潁之行柴高柴潁考叔也夏

侯湛張平子碑云同貫宰貢宰〻我貢子貢也風俗通清擬夷叔郤正釋譏褊夷叔之高懟傅子夷叔迕武王以成名杜預遺令南觀伊維北望夷叔陶潛詩積善云有報夷叔在西山皆謂伯夷叔齊漢廣漢屬國侯李翊碑夷史之高巴郡太守樊敏碑有夷史之直皆謂伯夷史魚陶潛讀史述九章程杵是程嬰公孫杵臼新唐書尉遲敬德傳隱巢是隱太子巢剌王一謚一爵

古人謚止稱一字

古人謚有二字三字而後人相沿止稱一字者衛之叡聖武公貞惠文子止稱公叔文子晉趙獻文子止稱文子檀弓晉獻文子成室註謂晉君獻之廬陵胡氏曰或趙武謚獻文爾魏惠成王止稱惠王楚頃

襄王止稱襄王秦惠文王止稱惠王悼武王止稱武王昭襄王止稱昭王莊襄王止稱莊王韓昭釐侯止稱昭侯宣惠王止稱宣王趙悼襄王止稱襄王漢諸葛忠武侯止稱武侯

稱人或字或爵

顔曾思孟三人皆氏而思獨字以嫌於夫子也樊酈絳灌三人皆姓而勃獨爵者以功臣周姓多也汾陰侯昌隆慮侯竈魏其侯止蒯成侯緤高景侯成博陽侯聚皆周姓顔師古引楚漢春秋謂別有一人名絳灌者非史記核下之戰孔將軍居左費將軍居右孔將軍蓼侯孔藂也費將軍費侯陳賀也費獨以爵者以功臣陳姓者多也博陽侯濞曲逆侯平堂邑侯嬰陽夏侯豨棘蒲侯武何陽侯涓高胡侯夫乞復陽侯胥槀侯錯猗氏侯遬龍侯

署紀信侯倉皆陳姓

子孫稱祖父字

子孫得稱祖父之字子稱父字屈原之言朕皇考曰伯庸是也孫稱祖字子思之言仲尼祖述堯舜是也朱子曰古人未嘗諱字程先生云予年十四五從周茂叔本朝先輩尚如此伊川亦嘗呼明道字儀禮筮宅之辭曰哀子某為其父某甫筮宅又曰哀子某來日某卜葬其父某甫字父也虞祭之祝曰適爾皇祖某甫卒哭之祝曰哀子某來日某隮祔爾于爾皇祖某甫字祖也祔祭之祝曰適爾皇祖某甫以隮祔爾孫某甫兩字之也

字為臣子所得而稱故周公追王其祖曰王季王而兼字

已祧不諱

册府元龜唐憲宗元和元年禮儀使奏言謹按禮記曰旣卒哭卒大執木鐸以命于宫曰舍故而諱新此謂已遷之廟則不諱也今順宗神主升祔禮畢高宗中宗神主上遷請依禮不諱制可

文宗開成中刻石經凡高祖太宗及肅代德順憲穆敬七宗諱竝缺點畫高中睿玄四宗已祧則不缺文宗見為天子依古卒哭乃諱鄭氏曲禮註曰生者不相辟名故御名亦不缺

韓退之諱辨本為二名嫌名立論而其中治天下之治却犯正諱益元和之元高宗已祧故其潮州上表曰朝廷治平日久曰政治少懈曰巍〻治功曰君臣相戒以致至治

舉張行素曰文學治行衆所推平淮西碑曰天開明堂坐以治之韓弘神道碑銘曰無有外事朝廷之治惟諱辨篇中似不當用

漢時祧廟之制不傳竊意亦當如此故孝惠諱盈而説苑敬慎篇引易天道虧盈而益謙四句盈字皆作満在七世之内故也班固漢書律歷志盈元盈統不盈之類一卷之中字凡四十餘見何休註公羊傳曰言孫于齊者盈諱文已祧故也若李陵詩猶有盈觴酒與子結綢繆枚乘柳賦盈玉縹之清酒載古文苑又詩盈盈一水間載玉臺新咏二人皆在武昭之世而不避諱又可知其為後人之擬作而不出於西京矣李陵詩不當用盈字容齋隨筆論之之盈盈

後唐明宗天成四年中書門下奏少帝冊文内有基字是玄宗廟諱尋常詔勅皆不迴避少帝是繼世之孫冊文内不欲作列聖之諱今改為宗字.

宋史紹興三十二年正月禮部太常寺言欽宗桓祔廟翼祖當遷以後翼祖皇帝諱依禮不諱詔恭依

謝肇淛曰宋真宗名恒而朱子於書中恒字獨不諱蓋當寧擴宗之世真宗已祧

予嘗謂朱子云立心如一日萬一恒殊寧鄭州王安石焉知我共時因避諱而去一畫耶

本朝崇禎三年禮部奉旨頒行天下避太祖成祖廟諱及孝武世穆神光熹七宗廟諱正依唐人之式惟今上御名亦須迴避蓋唐宋亦皆如此觀漢宣帝之詔知當時已避天子名然止避下一字而上一字天子與親王所同則不諱

皇太子名不諱

册府元龜唐王紹為兵部尚書紹名初與憲宗同憲宗時為廣陵王順宗即位將册為皇太子紹上言請改名議者或非之曰皇太子亦人臣也漢魏故事皇太子稱臣晉咸寧中議除此制摯虞以為孝經資於事父以事君義兼臣子則不嫌稱臣詔令依舊東宮之臣當請改爾奈何非其屬而遽請改名豈為以禮事上邪左司員外郎李藩曰歷代故事皆自不議大體之臣而失之因不可復正無足怪也

三國志註言魏文帝為五官中郎將賓客如雲而原獨不往太祖微使人問之原答曰吾聞國危不事冢宰君老不奉世子萬曆中年往往有借國本之名而以為題目者得

無有愧其言

唐中宗自房州還復上為皇太子左庶子王方慶上言太子皇儲其名尊重不敢指作晉尚書僕射山濤啓事稱皇太子而不言名朝官尚猶如此宮臣諱則不疑今東宮殿及門名皆有觸犯臨事論啓迴避甚難孝敬皇帝為太子時改弘教門為崇教門沛王為皇太子改崇賢館為崇文館皆避名諱以遵典禮伏望依例改換制從之史臣謂方慶欲尊太子以示中興之漸然則方慶之言蓋有為言之也

本朝之制太子親王名俱令迴避蓋失之不考古也崇禎二年兵部主客司主事賀烺以避皇太子名改名世壽而

光宗爲太子河南府及商州屬縣並未嘗改

實録言洪武十四年十月辛酉給事中鄭相同請依古制凡啓事皇太子惟東宫官屬稱臣朝臣則否以見尊無二

上之義詔下羣臣議翰林院編修吴沈言太子所以繼聖體而承天位者也尊敬之體宜同從之歷代不稱臣之制自斯而變

親王之名尤不必諱而本朝諱之正統十二年山西鄉試詩經題内維周之楨=字犯楚昭王諱考試及同考官俱罰俸一月

二名不偏諱

二名不偏諱宋武公名司空改司空爲司城是其證也

杜氏通典大唐武德元年六月太宗居春宫總萬机下令曰依禮二名不偏諱其官號人名及公私文籍有世及民兩字不連讀者竝不須諱避唐書高宗紀貞觀二十三年七月丙午改治書侍御史為御史中丞諸州治中為司馬别駕為長史治禮郎為奉禮郎以避上名上以貞觀初不諱先帝二字有司奏曰先帝二名禮不偏諱上既单名臣子不合指作上乃從之通典又言太宗時二名不相連者竝不諱至高宗始諱之然永徽初已改民部為户部而李世勣已去世字单稱勣矣又按隋書修於太宗時而中間多有改世為代改民為人者此唐人偏諱之始然亦有不盡然者經籍志四民月令作四人而齊民要術仍民字是亦漢書註所云史駁文者也章懷太子註後漢書亦有并其本文而改之者如胡廣傳詩美先人詢于芻蕘之類

後唐明宗名嗣源天成元年六月勅曰古者酌禮以制名懼廢於物難知而易諱貴便於時況徵彼二名抑有前例太宗文皇帝自登寶位不改舊稱時則臣有世南官有民部靡聞曲避止禁連呼朕猥以眇躬託於人上祇遵聖範非敢自尊應文書內所有二字但不連稱不得迴避若臣下之名不欲與君親同字者任自改更務從私便庶體朕懷

嫌名

衛桓公名完楚懷王名槐古人不諱嫌名故可以為謚韓文公諱辯言不諱許勢秉機乃玄宗御刪定禮記月令曰野鷄入大水為蜃曰野鷄始雊則諱雉以与治同音也

李林甫序曰璿樞玉衡以齊七政則諱璣德宗九月九日賜曲江宴詩時此萬樞暇適與佳節并則諱機以與基同音也南史劉東不稱名而書其字曰彦節則諱秉以與昞同音也又如武后父諱士彠而孫處約改名茂道韋仁約改名思謙睿宗諱旦而張仁亶改名仁愿玄宗諱隆基而劉知幾改名子玄箕州改名儀州即今遼州德宗諱适而括州改名處州順宗諱誦而闘訟律改為闘競憲宗諱純凡姓淳于者改姓于唯監察御史章淳不改既而有詔以陸淳為給事中改名質淳不得已改名處厚而懿宗以南詔首龍名近玄宗諱遂不行冊禮則退之所言亦未為定論也

唐自中葉以後即士大夫亦諱嫌名故舊史以韓愈為李

賀作諱辯為紕繆而賈曾傳則曰拜中書舍人曾以父名忠同辭議者以為中書是曹司名又與曾父名音同字別於礼無嫌曾乃就職懿宗紀則曰咸通二年八月中書舍人衛洙奏狀稱蒙恩除授滑州刺史官號內一字與臣家諱音同請改授閒官勑曰嫌名不諱著在禮文成命已行固難依允是又以為不當諱也

册府元龜咸通十二年分司侍御史李谿進狀曰臣准西臺牒及金部稱奉六月二十七日勑內園院却景金事奏狀內訟字音與廟諱同奉勑罰臣一季俸者臣官位至卑得蒙罰俸屈与不屈不合有言而事關理體若便隱默恐負聖時頃陛下寬其罪戾使得盡言臣前奏狀稱准勑同

甚也好笑

事告事旁訟他人是咸通十一年十月十三日勅語臣狀中具有准勅字非臣自撰辭句臣謹按禮不諱嫌名又按職制律諸犯廟諱嫌名不坐註云謂若禹與雨疏云謂聲同而字異註疏重複至易分曉伏惟皇帝陛下明過帝堯孝踰大舜豈自發制勅而不避諱哉故是審量禮律以為無妨耳即引陛下勅文而言不敢擅有改移不謂內園使有此論奏也臣非敢訴此罰俸也恐自此有援引勅格者亦須委曲迴避便成訛舛臣聞趙充國為將不嫌伐一時事以為漢家後法魏徵為相不存形迹以致貞觀太平臣雖未及將相忝為陛下持憲之臣豈可以論俸為嫌而使國家勅命有誤也願陛下留意察納別下明勅使自後章

奏一遵禮律處分則天下幸甚勅免所罰

南唐元宗初名璟避周信祖廟諱改名景是不諱嫌名

按嫌名之有諱在漢宋之閒晉羊祜為都督荊州諸軍事及薨荊州人為祜諱名室戶皆以名為稱改戶曹為辭曹此諱嫌名之始也

後魏地形志天水郡上邽縣犯太祖諱改為上封魏太祖名珪

宋代制於嫌名字皆避之禮部韻略凡有廟諱音同之字皆不收太祖諱匡胤十陽部去王切一十三字二十一震部羊晉切一十一字皆不收它皆倣此朱子周易本義姤卦下以故為姤作故為遇避高宗嫌名也宋板書貞字完字多是缺筆貞

音同禎仁宗諱完音同桓欽宗諱以貞女樹為正女木樹音同曙英宗諱雍録豈不聞顏氏家訓所云吕尚之兒如不為上趙壹之子儻不作一便是下筆即妨是書皆觸者乎金章宗泰和元年七月巳巳初禁廟諱同音字蓋亦倣宋制也本朝不諱嫌名如建文號是也

以諱改年號

唐中宗諱顯玄宗諱隆基唐人凡追稱高宗顯慶年號多云明慶永隆年號多云永崇趙元昊以父名德明改宋明道年號為顯道而范文正公與元昊書亦改後唐明宗為顯杜氏通釋法明遊天竺記明下有國諱改爲四字當是小註今本連作大文

前代諱

孟蜀所刻石經于唐高宗太宗諱皆缺書石晉相里金神

大概此類避父祖代諱者多是傳寫已久並因例不改未必有意避之者也即如秦始皇諱政並避諱正月之正為征音相傳至今不改豈今人尚避始皇帝耶

道碑民琘二字皆缺末筆南漢劉尊嚴其父諱為代祖聖武皇帝猶以代字易世至宋益遠矣而乾德三年謹卜伏義女媧廟碑民琘二字咸平六年孫冲序絳守居園池記碑民琘二字皆缺末筆其於舊君之禮何其厚與予至西安見宋咸平二年夢英自書篆書目録偏旁字源序立于文宣王廟者稱長安為故都而唐字跳行益數昔人之厚其時唐之亡已九十三年矣

楊阜魏明帝時人也其疏引書協和萬國猶避漢高祖諱常昭吳後主時人也其解國語凡莊字皆作嚴亦猶避漢明帝諱唐長孫無忌等撰隋書易忠節傳以誠節稱苻堅為符永固亦避隋文帝及其考諱後漢應劭作風俗通有諱舊君之議自古相傳忠厚之道如此今人不知之矣

元移剌迪為常州路總管刻其所點四書章句或問集註其凡例曰凡序註或問中題頭及空處竝存其舊以見當時忠厚之意如宋德隆盛之類近歲新刊大學衍義亦然時天曆元年也資治通鑑周太祖世宗紀太祖皇帝皆題頭至今仍之孟子見梁襄王章末註蘇氏曰予觀孟子以來自漢高祖及光武及唐太宗及我太祖皇帝能一天下者四君太祖上空一字永樂中修大全於其空處添一宋字後人之見與前人相去豈不遠哉

名父名君名祖

金縢周公之祝辭曰惟爾元孫某左傳荀偃濟河而禱稱曾臣彪名君也淮南子曰祀則名君左傳楚子圍家申犀見王稱無

畏知罃對楚王稱外臣首郤陵之戰欒鍼曰書退名父也華耦來盟稱君之先臣督欒盈辭于周行人曰陪臣書曰其子黶名祖若父也

弟子名師

論語長沮曰夫執輿者為誰子路曰為孔丘孟子樂正子入見曰君奚為不見孟軻也是弟子而名師也

同輩稱名

古人生不諱名同輩皆面稱其名書周公若曰君奭礼記曾子問篇老聃曰丘檀弓篇曾子曰商論語微生畝謂孔子曰丘是也

杜詩題兔稱名即詩中

六字直呼兄名如此也詩年敵

李詩曰東夜注借送秋情

以字為諱

古人敬其名則無有不稱字者顏氏家訓曰古者名以正體字以表德名終則諱之字乃可以為孫氏孔子弟子記事者皆稱仲尼子貢曰仲尼日月也魏鶴山云仪礼子孫于祖禰皆稱字呂后微時嘗事高祖為季漢袁種字其叔曰盎曰絲王丹與侯霸子語字霸為君房江南至今不諱字也河北士人全不辨之故有諱其名而并諱其字者三國志司馬朗傳年九歲人有道其父字者朗曰慢人親者不敬其親者也客謝之常林傳年七歲有父黨造門問林伯先在否林不答客曰何不拜林曰雖當下拜臨子字父何拜之有晉書儒林刘兆傳嘗有人著鞾騎驢至兆門外曰吾欲見劉延世兆儒德道素青州無稱其字者門人大怒兆曰聽前旧唐書韓愈

傳拜中書舍人有不悅愈者言愈前左降為江陵掾曹荆南節度使裴均館之頗厚近者均子鍔還省文愈為序餞鍔仍呼其字此論喧於朝列坐是改太子右庶子至于山陽公載記言馬超降蜀嘗呼先主字關羽怒請殺之比則面呼人主之字又不可以常儕論矣

自稱字

漢書註張晏曰匡衡少時字鼎世所傳衡與貢禹書上言衡敬報下言匡鼎白南史陶弘景自號華陽隱居人間書札即以隱居代名此自稱字之始也

東觀餘論言古人或有自稱字者王右軍敬謝帖云王逸少白廬山遠公集盧循與遠書云范陽盧子先叩首神少

師与弟帖云誠懸呈今按唐權德輿答楊湖南書稱載之再拜柳冕荅鄭衢州書稱敬叔頓首白居易與元九書稱樂天再拜宋陳摶謁高公詩稱道門弟子圖南上唐張謂長沙土風碑銘有唐八葉元聖六載正言待理湘東張洗濟瀆廟祭器幣物銘濯纓不才謬領兹邑元禎作白氏長慶集序自書曰微之序乃是作文自稱其字自稱其字不始于漢人家文吉甫寺人孟子之詩已先之矣

人主呼人臣字

漢高帝曰運籌策帷帳之中决勝千里之外吾不如子房張良字景帝曰天下方有急王孫竇嬰字寧可以讓邪皆人主

呼人臣字也

晉以下人主于其臣多不呼名南史梁蔡樽為吏部尚書侍中武帝嘗設大臣餅樽在坐帝頻呼姓名樽竟不答食餅如故帝覺其負氣乃改喚蔡尚書樽始放筯執笏曰爾帝曰卿向何聾今何聰對曰臣預為右戚且職在納言陛下不應以名垂喚帝有慚色文選范雲表稱乃祖玄平李善註引晉中興書范汪字玄平魏書江式稱臣亡祖文威式祖強字文威又南朝人如王敬弘王仲德王景文謝景仁北朝人如蕭世怡李元㨾之輩名犯帝諱即以字行不復更名宋褚叔茂張叔茂名與太祖諱同以字行通鑑大同二年時人多以字行舊史皆因之字行周韋叔裕字孝寬以魏書多稱楊遵彥魏王昕對汝南王悅自稱元景北齊祖珽對長廣王湛自稱孝徵隋崔頤答豫章王啓

自稱祖濬王貞答齊王暕啓自稱孝逆而唐太宗時如對倫房喬高儉尉遲恭顔籀竝以字為名蓋因天子常稱臣下之字故爾其時堂陛之閒未甚闊絶君臣而有明友之義後世所不能及矣

因話録文宗對翰林諸學士因論前代文章裴舍人素數道陳拾遺名柳舍人璟目之裴不覺上顧柳曰他字伯玉亦應呼陳伯玉

兩名

禮記正義公羊說春秋譏二名謂二字作名若魏曼多也公羊傳春秋以仲孫何忌為仲孫忌魏曼多為魏多皆謂譏二名而去之左氏說二名若楚公子弃疾弑其君即位之後改名為居是為二名許慎謹案

字為名何以為譏蓋古人名
字也有以一字為名者或在上
稱時有省去上一字者或在下

云文武賢臣有散宜生蘇忿生則公羊之説非也白虎通古人之名或兼或單春秋譏二名乃謂其無常者也是用左氏説今按古人而名見於經傳者不止楚平王如晉文侯名仇而書云文義和楚靈王名圍而春秋書弑其君虔于乾谿趙簡子名鞅而鐵之戰自稱志父南宮敬叔名説一名縚字容又名括匪廡石椁銘自稱虔父屈原名平其作離騷也名正則字靈均賈誼傳梁王勝註李奇曰文三王傳言揖此言勝為有兩名

假名甲乙

史記萬石君傳長子建次子甲次子乙次子慶甲乙非名也失其名而假以名之也韓安國傳蒙獄吏田甲張湯傳湯之客思田甲漢書高五王傳齊宦者徐甲嚴助傳閩越王

弟甲疑亦同此孟嘗君傳田甲劫湣王當是其名任安傳某子甲何為不来乎三國志註許攸呼魏太祖小字曰某甲卿不得我不得冀州也左傳文十四年齊公子元不順懿公之為政也終不曰公曰夫己氏註猶言某甲文選為齊明帝讓宣城郡公表謹附某官某甲奉表以聞宣德皇后令命遣某位某甲等

漢書魏相傳中謁者趙堯舉春李舜舉夏兒湯舉秋貢禹舉冬不應一時四人同以堯舜禹湯為名若有意撰而名之者及讀急就章有云祖堯舜樂禹湯乃悟若此類皆古人所假以名之也或曰高帝時實有趙堯然非謁者

蜀漢覺禘作甲乙論設為二人之辭世說云黃初中有甲乙疑論晉人文字每多祖此虛設甲乙中書令張華造甲乙之問云甲

娶乙為妻後又娶丙傳士弟子徐叔中服議以母為甲先夫為乙後夫為丙先子為丁繼子為戊梁記縝神滅論有張甲王乙李丙趙丁而關尹子云甲言利乙言害丙言或利或害丁言俱利俱害關尹子亦魏晉間人所造之書也先秦以上即有以甲乙為彼此之辭者韓非子罪生甲禍歸乙伏怨乃結

以姓取名

古人取名連姓為義者絕少近代人命名如陳王道張四維呂調陽馬負圖之類榜目一出則此等姓名幾居其半不知始自何年嘗讀通鑑至五代後漢有虢州伶人靖邊庭胡身之註曰靖姓優伶之名與姓通取一義所以為諧

也（靖邊庭亦見之宋史田欽祚傳）考之自唐以来如黄幡綽雲朝霞（唐書魏謩傳）鏡新磨（五代史伶官傳）羅衣輕（遼史伶官傳）之輩皆載之史書益信其言之有據也嗟乎以士大夫而效伶官之命名則自嘉靖以来然矣

以父名子

左傳成十六年潘尫之黨潘尫之子名黨也襄二十三年申鮮虞之傅摯申鮮虞之子名傅摯也按儀禮特牲饋食礼筮某之某為尸註曰某之某者字尸父而名尸也（少牢饋食礼同）亦此類也（史記太史公自序維仲之省厥濞王吳濞乃列仲之子稱為厥濞）

以夫名妻

左傳昭元年當武王邑姜方震大叔漢書杜欽傳皇太后

女弟司馬君力穆林曰字君力為司馬氏婦南齊書周盤龍愛妾姓氏杜上送金釵鑷二十枚手勑曰餉周公阿杜孔叢子衛將軍文子之內子死復者曰皋媚女復子思聞之曰此女氏之字非夫氏之名也婦人於夫氏以姓氏稱禮也

兼舉名字

史文有一人而兼舉名字如子玉得臣百里孟明視之類已于左傳見之皋陶庭堅一人兩稱亦若駢儷之文必無重出而亦有一二偶見者熊氏易林申公顛倒巫臣亂國劉琨荅盧諶詩宣尼悲獲麟西狩涕孔丘謝惠連秋懷詩雖好相如達不同長卿慢沈約宋書恩倖傳論胡廣累世農夫伯始致位公相黄憲牛醫之子叔度名動京師皆一人而兼舉

其名字也古詩誰能刻鏤此公輸與魯班下一與字竟以公輸魯班為二人則不通矣

晉之王氏父子祖孫三代俱用之字

排行

兄弟二名而同其一字者世謂之排行如德宗德文義符義真之類起自晉末漢人之所未有也水經註昔北平侯王譚不同王莽之政子興生五子竝避亂隱居光武即帝位封為五侯元才北平侯益才安憙侯顯才蒲陰侯仲才新市侯季才唐侯是後人追撰妄說東漢人二名者亦少單名以偏旁為排行始于劉琦劉琮二豚犬此後應璩應瑒衛瓘衛玠之流踵而出之矣陳球傳二子瑀琮弟子珪若取偏旁又不當與父同也

今人兄弟行次稱一爲大不知始自何時漢淮南厲王常謂上大兄孝文帝行非第一也

二人同名

有以二人同名而合稱之者左傳莊二十八年晉獻公外嬖梁五與東關嬖五晉人謂之二五耦戰國策杜赫謂楚王曰此用二忌之道也以齊田忌鄒忌爲二忌唐高宗顯慶二年詔曰蹤二起於吴白益傚此稱

字同其名

名字相同起於晉宋之間史之所載晉安帝諱德宗字德宗諱德文字德文會稽王道子字道

郭子儀字儀

子殷仲文字仲文宋蔡興宗字興宗齊顔見遠字見遠梁王僧孺字僧孺劉孝綽字孝綽庾仲容字仲容江德藻字德藻任孝恭字孝恭師覺授字覺授北齊慕容紹宗字紹宗魏蘭根字蘭根後周王思政字思政辛慶之字慶之崔彦穆字彦穆之類至唐時尤多

藩鎮傳田緒字緒劉濟字濟此起家軍伍未曾立字如李載義辭未有字之比爾史家例以為字非也且其文不可省乎

變姓名

古人變姓名多是避仇然亦有無所為而變者

范蠡適齊為鴟夷子皮之陶為朱公第五倫客河東自稱王伯齊梁鴻適齊姓運期名耀

生而曰諱

生曰名死曰諱今人多生而稱人之名曰諱金石録云生而稱諱見於石刻者甚衆因引孝宣元康二年詔曰其吏諱詢以為西漢已如此蜀志劉豹等上言聖諱豫覩許靖等上言名諱昭著晋書高顧言范伯孫恂恂率道名諱未嘗經於官曹束晳勸農賦場功畢租輸至録社長召閭師條牒所領注列名諱王褒洞簫賦幸得謚為洞簫今李善註謚者號也號而曰謚猶之名而曰諱者矣

生稱謚

漢書張敖傳呂后數言張王以魯元故不宜有此劉敬曰史家記事或有如此追言謚者史記貫高與張敖言謂帝為高祖公羊傳公子翬與桓公言吾為子口隱矣皆此類公羊傳註謚者傳家所加今按傳記中此例尚多如左氏傳石碏曰陳桓公方有寵于王國語鮑國謂子叔聲伯曰子何辭苦成叔之邑戰國策智過曰魏桓子之謀臣曰趙葭韓康子之謀臣曰段規史記秦本紀晋文公夫人請曰繆公怨此三人入於骨髓魯世家周公戒伯禽曰我文王之子武王之弟成王之

叔宋世家華督使人宣言國中曰殤公即位十
年耳而十一戰楚世家國人苦夜驚曰靈王入
矣隨人謝吳王曰昭王亡不在隨齊湣王遺楚
王書曰今秦惠王死武王立鄭世家莊公曰武
姜欲之楚共王曰鄭成公孤有德焉趙世家吳
延陵季子使於晉曰晉國之政卒歸於趙武子
趙文子名武韓宣子魏獻子之後矣韓世家屈宜臼
曰昭侯不出此門吳起傳公叔之僕曰君因先
與武侯言仲尼弟子傳子羔曰出公去矣而門
已閉魯仲連傳新垣衍謂趙王曰趙誠發使尊
秦昭王為帝褚先生補梁孝王世家竇太后謂

景帝曰安車人駕用梁孝王為寄三王世家公户滿意謂燕王曰今昭帝始立荀子同公謂伯禽之傅曰成王之為叔父呂氏春秋豫讓欲殺趙襄子其友謂之曰以子之才而索事襄子准南子先軫曰昔吾先君與繆公交諸御鞅復於簡公曰陳成常宰予二子者甚相憎也吳越春秋子胥曰報汝平王說苑景公曰善為我浮桓子也衛叔文子曰今我未以往而簡子先以来竝是生時不合稱謚又如禮記曾子問孔子曰季桓子之喪衛君請弔哀公對不得命公為主客入弔康子立於門右孔子没時哀公康子俱

存此皆後人追為之辭也自東京以下即無此語文益謹而格益卑矣

史記田敬仲世家齊人歌之曰嫗乎采芑歸乎田成子史通曰田常見存而遽呼以謚蘇氏曰田常之時安知其為成子而稱之

稱王公為君

稱周文王為文君焦氏易林文君撩獵呂尚獲福號稱太師封建齊國漢張衡思玄賦文君為我端著兮利飛遁以保名稱晉文公為文君楚辭惜往日介子忠而立枯兮文君寤而追求淮南子晉文君大布之衣牂羊之裘又云介子歌

龍蛇而文君亟泣稱宋文公爲文君墨子昔者宋文君鮑之時稱楚莊王爲莊君荀子莊君之罔稱齊莊公爲莊君墨子昔者齊莊君之時稱魯昭公爲昭君焦氏易林乾候野井昭君喪居稱齊景公爲景君宋何承天上陵篇指營丘感牛山爽鳩旣沒景君歎稱宋襄公爲襄君周庾信入彭城館詩襄君初建國稱宋元公爲元君莊子宋元君夜半而夢

日知録卷之二十五

祖孫

自父而上之皆曰祖書微子之命曰乃祖成湯是也自子而下之皆曰孫詩閟宮之篇曰后稷之孫實惟大王又曰周公之孫莊公之子是也

高祖

漢儒以曾祖之父為高祖考之於傳高祖者遠祖之名爾左傳昭公十七年郯子來朝曰我高祖少皞摯之立也則以始祖為高祖書盤庚肆上帝將復我高祖之德亂越我家康王之誥張皇六師無壞我高祖寡命則以受命之君為高祖文武至康僅四世左傳昭公十五年王謂籍談曰昔而高

祖孫伯黶司晋之典籍則謂其九世祖為高祖十二年楚靈王謂右尹子革曰昔我皇祖伯父昆吾亦謂其始祖之兄弟

藝祖

書歸格於藝祖註以藝祖為文祖不詳其義人知宋人稱太祖為藝祖不知前代亦皆稱其太祖為藝祖唐玄宗開元十一年幸幷州作起義堂頌曰東西南北無思不服山川鬼神亦莫不寧實惟藝祖儲福之所致十三年封泰山其序曰惟我藝祖文考精爽在天此謂唐高祖張說作享太廟樂章曰肅肅藝祖滔滔濬源有誰武劍作鎮金門玄王昭緒后稷謀孫此謂高祖之高祖諱熙追尊宣皇帝者也後漢高祖乾祐元年改元制曰昔我藝祖神宗開基抬

運以武初平禍亂以文德致昇平此謂前漢高祖金世宗大定二十五年封混同江神冊文[illegible]仰藝祖之開基佳江神之效靈此謂金太祖然則是歷代太祖之通稱也唐武宗會昌三年討劉稹制曰頃者烈祖在藩先天啓聖是以玄宗為烈祖宋王旦封祀壇序烈祖造新邦臻大定經制而未遑神宗求至理致升平業成而中羅是以太祖為烈祖太宗為神宗亦古人之通稱也唐元稹行裴度制曰佑我憲考為唐神宗呂氏讀詩記引李氏曰本朝太宗稱神宗及神宗稱神宗則太宗不復稱神宗矣今按魏泰東軒筆錄稱太祖太宗為藝祖神宗

左傳哀二年衛太子禱曰曾孫蒯聵敢昭告皇祖文王烈祖康叔文祖襄公書文侯之命汝克昭乃顯祖烈祖顯祖

皆謂其始封之君此古人之通稱

冲帝

幼主謂之冲帝水經注漢冲帝詔曰翟義作亂於東霍鴻負倚盩厔芒竹以孺子嬰爲冲帝

考

古人曰父曰考一也易曰幹父之蠱有子考元咎書大誥若兄考乃有友伐厥子民養其勸弗救康誥子弗祇服厥父事大傷厥考心酒誥厥心臧聰聽祖考之彝訓尹伯奇履霜操曰考不明其心兮聽讒言自檀兮定爲生曰父死曰考之稱而爲人子者當有所諱矣

伯父叔父

古人於父之昆弟必稱伯父叔父未有但呼伯叔者若不言父而但曰伯叔則是字之而已詩所謂叔兮伯兮伯兮朅兮叔于田之類皆字也

今之天子稱親王為叔祖曾叔祖甚非古義禮天子稱同姓諸侯曰伯父叔父稱其先君亦曰伯父叔父左傳昭九年景王使詹桓伯辭于晉曰伯父惠公十五年景王謂籍談曰叔父唐叔皆稱其先君為伯父叔父之證也故禮有諸父無諸祖宋時亦有皇叔祖之稱而無高曾見容齋四筆

族兄弟

書克明俊德以親九族鄭康成謂九族者據已上至高祖下及玄孫之親左傳襄公十二年凡諸侯之喪同宗臨於

祖廟同族於禰廟註同族謂高祖以下是也故晉叔向言肸之宗十一族賈誼新書人有六親六親始曰父父有一子二子為昆弟昆弟又有子子從父而昆弟故為從父昆弟從父昆弟又有子子從祖而昆弟故為從祖昆弟從祖昆弟又有子從曾祖而昆弟故為曾祖昆弟曾祖昆弟又有子子為族兄弟備於六此之謂六親是同高祖之兄弟即為族族非疏遠之稱漢書張敞傳廣川三周族宗室刘調等同族言其與王近親顏氏家訓凡宗親世數有從父有從祖有族祖江南風俗自茲以往皆云族人河北雖二三十世猶呼為從伯從叔梁武帝嘗問一中土人曰卿北人何故不知有族答云骨肉易疏不忍言族耳梁書夏侯亶傳宗人夏侯溢為衡陽內史辭日亶侍坐高祖謂亶曰夏

侯濫於鄉踈近亶荅曰夏臣從弟高祖知謚於亶已踈乃曰鄉倫人好不辨族從亶对曰臣聞服屬易踈所以不恐言族當時雖為敵對於理未通

親戚

史記宋世家箕子者紂親戚也馬融王肅以為紂之諸父服虔杜預以為紂之庶兄路史謂但言親戚非諸父昆弟之稱非也曲礼兄弟親戚稱其慈也踈曰親指族内戚指族外古人稱其父子兄弟亦曰親戚韓詩外傳曾子曰親戚既沒雖欲孝誰為孝此謂其父母左傳僖公二十四年封建親戚以蕃屏周此謂其子弟昭公二十年棠君尚謂其弟員曰親戚為戮不可以莫之報也三國志張昭謂孫权曰况今姦究競逐豺狼滿道乃欲哀親戚顧礼制此謂其父兄戰国策蘇秦曰富貴則親戚畏懼蓋指其妻嫂

哥

唐時人稱父爲哥。旧唐書王琚傳：玄宗泣曰：四哥仁孝，同氣惟有太平。睿宗行四故也。玄宗子棣王琰傳：惟三哥辨其罪。玄宗行三故也。有父之親，有君之尊，而稱之爲四哥、三哥，亦可謂名之不正也已。

玄宗與寧王憲書稱大哥，又有同玉真公主過大哥園池詩，則唐時宮中稱父稱兄皆曰哥。

妻子

今人謂妻爲妻子，此不典之言，然亦有所自。韓非子：鄭縣人卜子使其妻爲袴，其妻問曰：今袴何如？夫曰：象我故袴。妻子因毀新，令如故袴。杜子美詩：結髮爲妻子，席不煖君

此子在句語助於子然，子亦作語助者用，見廿一卷也

林

稱某

經傳稱某有三義書金縢惟爾元孫某史文諱其君不敢名也史記高祖記高祖奉玉卮起為太上皇壽曰今某之業所就孰与仲多与此同春秋宣公六年公羊傳於是使勇士某者往殺之傳失其名也禮記曲禮內事曰孝王某外事曰嗣王某儀禮士冠禮某有子某論語某在斯某在斯通言之也左傳襄公三十年書曰某人某人会于澶淵此又是不能悉數之辭

周人以諱事神牧誓之言今予發武成之言周王發生則不諱也金縢之言惟爾元孫某追録於武王既崩之後則諱之矣故禮卒哭乃諱

互辭

易幹父之蠱有子考元咎言父又言考書予恐來世以台為口實言予又言台汝猷黜乃心言汝又言乃予念我先神后之勞爾先言予又言我起予冲入不卬自恤言予又言卬詩豈不爾受既其女遷言爾又言女論語吾不欲人之加諸我也孟子我善養吾浩然之氣言我又言吾左傳爾用而先人之治命（今監本脱而字依石經補）言爾又言而女喪而宗室言女又言而史記張儀傳若善守汝國我顧且盜而城言若言汝又言而詩王子出征以佐天子言王又言天子乃命魯公俾侯于東言公又言侯穀梁傳言君之不取為公也言君又言公（范甯解上言君下言公互辭）君左傳以其子更公女而

嫁公子言公女又言公子史記齊世家子我盟諸田於陳宗言田又言陳皆互辭也

豫名

詩為乃去矣后稷呱矣子初生而已名之為后稷也為韓姞相攸女在室而已名之為韓姞也皆因其異日之名而豫名之亦臨文之不得不然也

重言

古經亦有重言之者書自朝至于日中昃不遑暇食遑即暇也詩無已太康已即大也既安且寧安即寧也既庶且多庶即多也左傳一薰一蕕十年尚猶有臭尚即猶也周其有頹王亦克能修其職克即能也禮記人喜則斯陶則

即斯也

后

白虎通曰天子之配商之前皆稱妃周始立后晉書后妃傳序亦云爰自夏后是謂元妃降太中年乃稱王后今考帝嚳四妃帝舜三妃以至周初太姜太任太姒邑姜皆無后名以太姒為后妃乃後人之論而詩書所云后皆君也春秋桓八年祭公來遂逆王后于紀襄十五年劉夏逆王后于齊於是始稱后曲禮天子有后有夫人有世婦有嬪有妻有妾又云天子之妃曰后而宣王晏起姜后脱簪見於列女之傳此周人立后之據惟左傳哀元年后緍方娠是夏時事疑此後人追稱之辭自春秋以下之文則有以君為后者如春始大象及內則稱后王有以妃為后者襍

然於書傳矣

人君之號唐虞曰帝夏曰后商曰王然帝王天子所專后則諸侯皆得稱之周禮量人註后君也言君容王與諸侯易疏凡象稱先王者唯施於天子稱后者兼諸侯故書言肆覲東后羣后四朝禹乃會羣后誓于師伊訓之祠先王侯甸羣后咸在周王大告武成亦曰嗚呼羣后而后夔后羿伯明后寒之稱皆見於傳胤征之篇亦稱胤后康王作畢命曰三后協心同底于道穆王作呂刑曰乃命三后恤功于民然則禹之降帝而稱后是禹之謙禹之不矜也

諸侯謂之羣后故天子獨稱元后

漢時郡守之於吏民亦有君臣之分故有稱府主為后者

漢武都太守李翕西陝頌云赫〻明后柔嘉維則桂陽太守周景銘云懿賢后兮發聖英晉應詹為南平太守百姓歌之曰僥倖之運賴茲應后蘭亭宴集有郡功曹魏滂詩云明后欣時豐駕言映清瀾

王

三王之名自後人追稱之而禹之為王未嘗見於書也甘誓王曰嗟六事之人予誓告汝胤征胤后承王命徂征而夏小正言十有一月三狩夏之王見於書者始此然無稱禹為王者經傳之文凡言夏必曰夏后氏唐沈既濟議云夏殷二代為帝者三十世矣而周人通名之曰王恐亦未然書多士自成湯至于帝乙而左傳虞人之箴曰在帝夷羿同君人者之通稱矣

周人之追王止於太王而組紺已上至后稷則謂之先公詩禴祠烝嘗于公先王是也通言之則亦可稱之為王書武成惟先王建邦啟土周語太子晉諫靈王自后稷之始基靖民十五王而文始平之十八王而康克安之是也

王而尊之曰帝黃歇上秦昭王書先帝文王武王王之身三世不忘接地於齊以絕從親之要是也史記秦本紀昭王十九年王為西帝已而復去之先帝者曲礼曰措之廟立之主曰帝文王武王獨稱王而等之曰諸侯漢王告諸侯曰願從諸侯王擊楚之殺義帝者是也

君

古時有人臣而隆其稱曰君者周公若曰君奭是也篇中言君奭者四但言君者六而成王之書王若曰君陳穆王

之書王若曰嗚呼君牙皆此例也猶漢時人主稱丞相為君侯也漢書兒寬為御史大夫奉觴上壽制曰敬奉君之觴禮記坊記云大夫不稱君恐民之惑也故春秋傳中稱君者皆國君然亦有卿大夫而稱為君者莊十一年楚鬬廉語屈瑕曰君次于郊郢以禦四邑襄二十五年鄭子產對晉士莊伯曰成公播蕩又我之自入君所知也文十年楚范巫矞似謂成王與子玉子西曰三君皆將強死并二臣通謂之君至家臣則直謂其主曰君昭十四年司徒老祁慮癸謂南蒯曰羣臣不忘其君二十八年晉祁盈之臣曰憖使吾君聞勝與臧之死也以為快哀十四年宋司馬命其徒攻桓氏其父兄故臣曰不可其新臣曰從吾君之命是也猶鄭伯有之臣稱伯有為吾公儀礼喪服篇公士大夫之衆臣為其君布

帶繩屨傳曰君謂有地者也鄭氏曰天子諸侯及卿大夫有地者皆曰君晋語三世仕家君之自世以下主之喪大記大夫君孔氏曰大夫之臣稱大夫為君周禮調人註主大夫君也此則上下之通稱不始於後代矣

人臣稱君自三代以前有之孟子象曰謨蓋都君

漢書高帝紀爵或人君上所尊礼師古曰爵高有國邑者則自君其人故曰人君也上謂天子

漢時曹椽皆稱其府主為君至蒼頭亦得稱其主人為君後漢書李善傳君夫人善在此是也女亦得稱其父為君漢書王章傳我君素剛先死者必我君是也婦亦得稱其舅為君爾雅姑舅在則曰君舅君姑沒則曰先舅先姑淮

為子君公知其盜也逐而去之列女傳我無樊衛二姬之行故君以責我是也

喪服妾為君鄭氏註曰妾謂夫為君者不得體之加尊之也雖士亦然

主

春秋時稱卿大夫曰主周礼太宰九両六曰主以利得民註鄭司農云主謂公卿大夫調人主反之讎註主大夫君也礼記礼運仕於公曰臣仕於家曰僕方氏曰臣者对君之稱故仕於公曰臣而諸侯稱君僕者对主之稱故仕於家曰僕而大夫稱主故齊侯唁昭公稱主君子家子曰齊卑君矣而南唐降號江南國主亦以奉中國正朔自貶其號若劉玄德帝蜀謚昭烈葬惠陵初無貶絀末帝降魏封為安樂公自可即以本封為號陳壽作三國志創立先

主後生之名常璩蜀志因之（三国志載鍾會檄蜀将士吏民稱昭烈為益州先主先主之名益始於此乃是魏人所稱孫楚為石苞與孫結書亦云吳之先主孫）以晉承魏統義無兩帝今千載之後而猶沿此稱殊為不當凡改漢為蜀亦出壽筆（黄氏日抄曰蜀者地名非国名也昭烈以漢名未嘗以蜀名也不特昭烈未嘗以蜀名雖孫氏之盟亦曰漢吳既盟同討魏賊是天下未嘗以蜀名之名之者魏人也）當時魏已篡漢改稱昭烈為蜀使不得附漢統異代文人不察史家阿枉之故若杜甫詩中便稱蜀主殊非知人論世之學也昔刘知幾論後漢書劉玄列傳以為東觀秉筆容或諂於當時後來所修理宜刊革今之君子既非曹氏司馬氏之臣不當稱昭烈為先主矣（綱目亦書帝禅為後主姚遂深以為非見元史傳）諸葛孔明書中亦多有稱先主者本當是先帝傳之中原

改為先主耳杜微傳載孔明書朝廷主公今年始十八亦无称朝廷為主公之理是後人所改主者次於君之號蘇林解漢書公主云婦人稱主引晉語主孟啗我

陛下

賈誼新書天子卑號稱陛下蔡邕獨斷陛階也所由升堂也天子必有近臣執兵陳于陛側以戒不虞謂之陛下者羣臣與天子言不敢指斥天子故呼在陛下者而告之因卑達尊之義也記曰君子於其所尊弗敢質敬之至也上書亦如之及群臣士庶相與言曰殿下閤下執事之屬皆此類也據此則陛下猶言執事後人相沿遂以為至尊之稱許善心以陳臣入隋字文述言其祭陳叔寶文稱陛下召問善心言陛下者本是呼執事之人与尊號不同事乃得釋然後世非天子亦不敢用

南方朔本伏按東方朔瑣語曰木履起於晉文公時介之推逃祿自隱抱樹而死公撫木哀嘆遂以為履每懷從亡之功輒俯視其履曰悲乎足下足下之稱亦自此始也

足下

今人但見史記秦閻樂数二世稱足下遂以為相輕之辭不知乃戰國時人主之稱也如蘇代遺燕昭王書樂毅報燕惠王書蘇厲與趙惠文王書皆稱足下又如蘇秦謂燕易王范雎見秦昭王蘇代謂齊湣王齊人謂齊湣王孟嘗君舍人謂衞君張丐謂魯君趙郝對趙孝成王酈生說沛公張良獻項王亦皆稱足下漢書文帝紀丞相臣平太尉臣勃大將軍臣武御史大夫臣蒼宗正臣郢朱虛侯臣章東牟侯臣興居典客臣揭再拜言大王足下

宋書西南夷傳載諸國表文訶羅陀國稱聖王足下又稱天子足下阿羅單国稱大吉天子足下闍婆婆達国稱宋

國大王大吉天子足下天竺迦毗黎國稱大王足下梁書諸夷傳表文盤盤國稱常勝天子足下干陁利國稱天子足下狠修牙國稱大吉天子足下婆利國稱聖王足下

閤下

趙璘因語（話）錄曰古者三公開閤郡守比古之侯伯亦有閤故世俗書題有閤下之稱漢書王尊傳直符史詣閤下從太守受其事前輩呼刺史太守亦曰節下與宰相大僚書往往稱執事言閤下之執事人耳劉子玄為史官與監修宰相書稱足下韓文公與使主張僕射書稱執事即其例也若記室本繫王侯賓佐之稱晉左思稱左記室梁何遜稱何記室他人亦非所宜執事則指其左右之人尊卑皆可通稱侍者則士庶可用之近日官至

使府御史及鐵令悉呼閤下至於初命賓佐猶呼記室今則一例閤下上下無別其執事纔施於舉人侍者止行於釋子而已今之布衣相呼盡曰閤下雖出於浮薄相戲亦是名分大壞矣彭乘墨客揮犀閣

謝在杭五雜俎言閣夾室也以板為之禮記內則天子之閣左達五右達五檀弓曾子曰始死之奠其餘閣也與蓋古人置此以庋飲食之所即今房中之板閣而後乃廣之為樓觀之通名如石渠天祿麒麟之類三輔黃圖云皆蕭何造或以藏書或以繪像或以為登眺遊覽之所司馬相如上林賦高廊四注重坐曲閣閣者門旁小户也說文董賢傳與孔光竝為三公上故令賢私過光光警戒衣冠出門待望見賢車迺卻入賢至中門光入閣既下車迺出因設館於其旁即謂之閣漢書公孫弘傳開東閣

以延賢人師古曰閣者小門也東向開之古人坐以東向為尊避當庭門而引賓客以别於掾史官屬如今官署角門旁有延賓館是也朱雲傳薛宣謂雲曰且留我東閣可以觀四方奇士故蕭望之傳言自引出閣而嶲不疑傳暴勝之為置指使者不疑至門勝之開閣延請是凡官府皆有閣不獨三公也韓延壽傳行縣至高陵入卧傳舍閉閣思過如今之閑角門不聽官屬入也嚴延年傳毋閉閣不見延年免冠頓首閣下朱博傳召見功曹閉閣數責此又是閉角門不聽出也東晉太極殿有東西閣唐制倣之以宣政為前殿紫宸為便殿前殿謂之正衙天子不御前殿而御紫宸乃自正衙喚仗繇閣門而入百官俟朝于衙者因隨以入見謂之入閣唐六典宣政殿之左曰東上閣右曰西上閣蓋中門不

啟而開角門也爾雅小閨謂之閤閨即門也攷金門亦謂之金閨謝朓詩既通金閨籍文翁傳諸生傳教令出入閨閤師古曰閨閤之內中小門也太史公傳任少卿書身直為閨閤之臣而室中之門亦或用此為稱後漢曹大家傳時漢書始出多未能通者同郡馬融伏於閣下從昭受讀是則二字之義本不同漢舊儀曰丞相聽事門曰黃閤不敢洞開朱門以別於人主故以黃塗之謂之黃閤宋書百官志黃閤主簿省錄衆事鄧琬傳太宗定亂進子勛車騎將軍開府儀同三司諸佐吏並喜造琬曰暴亂既除殿下又開黃閤今代以文淵閣藏書而大學士之故謂之閣老蓋亦論經石渠校書天祿之遺意爾然西京但有閣而未以為官曹之稱至後漢始謂之臺閣古詩為焦仲卿作云汝是大家子仕宦於臺閣陳壽三国志評曰魏世事統臺閣重內輕外故八座尚書即古六卿之任也裴松之三國

志註引魏略曰薛夏為秘書丞嘗以公事移蘭臺蘭臺自以臺也而秘書署耳謂夏為不得儀推使當有坐者夏報之曰蘭臺為外臺秘書為内閣臺閣一也何不相移之有蘭臺屈無以折自是之後遂以為常魏張閭字子臺唐書職官志光宅元年九月改門下省為鸞臺中書省為鳳閣李肇國史補宰相相呼為堂老兩省相呼為閣老社子美奉贈嚴八閣老詩云扈從登黃閣困學紀聞曰給事中屬門下省開元曰黃門省故曰黃閣左拾遺亦東省之屬故曰官曹可接聯又將赴成都草堂途中寄嚴鄭公詩云生理秪憑黃閣老此特借黃門為黃閣而亦本於漢人臺閣之稱唐書楊綰傳故人舍人年久者為閣老然則今之内閣實本於此而非取三公黃閣之義其言入閣辦事謂入此内閣爾而與唐之隨仗入閣不相蒙也閣下之稱猶云臺下古今異名亦何妨乎

相

管子曰黃帝得六相宋書百官志曰殷湯以伊尹為右相仲虺為左相然其名不見於經惟書説命有爰立作相之文而左傳定公元年薛宰言仲虺居薛以為湯左相禮記月令命相布德和令註相謂三公相王之事也正義曰案公羊隱五年傳曰三公者何天子之相也自陝而東者周公主之自陝而西者召公主之一相處乎内是三公相王之事也至六國時一人知事者特謂之相故史記稱穰侯范雎蔡澤皆為秦相後又為丞相也如魏文侯卜相于李克儲子為齊相不必秦国有之史記秦武王二年初置丞相杜氏通典曰黃帝六相堯十六相為之輔相不必名官是則三代之時言相者皆非官名相者在王

左右之人書曰相被冕服憑玉几高宗立傳說為相而曰王置諸其左右亦此意也如孟子言舜相堯禹相舜益相禹伊尹相湯周公相武王禮記明堂位周公相武王之類耳左傳桓公二年太宰督遂相宋公莊公九年鮑叔言于齊侯曰管夷吾治於高傒使相可也昭公元年祁午謂趙文子曰子相晉國按當時官名皆不謂之相荀子言孫叔敖相楚傳止言為令尹淮南子言子產為鄭国相傳止言執政左傳羽父請殺桓公以求太宰史記則云君以我為相哀公十七年右領差車與左史老皆相令尹司馬以伐陳又是相一官而非相楚王論語今由与求也相夫子是相季氏而非相魯君惟襄公二十五年崔杼立景公而相之慶封為左相則似真以相名官者定公十年公會齊侯于夾谷孔丘相杜氏解曰相會儀也如頴為小相焉之相史記孔子世

相字即輔字義易曰輔相天地之宜立景公而相之亦是輔之也

家乃云孔子為大司寇攝相事是誤以儐相之相為相國之相不知魯無相名有司寇而無大司寇也礼記正義引崔靈恩云諸侯三卿司徒兼冢宰司馬兼宗伯司空兼司寇三卿之下有五大夫五大夫者司徒之下立二人小宰小司徒司馬之下以其事省立一人為小司馬兼宗伯之事司空之下立二人小司寇小司空今夫子為司空者為小司空也從小司空為小司寇也崔所以知然者魯有孟叔季三卿為政又有臧氏為司寇故知孔子為小司寇　按左傳隱二年胡至無駭杜氏註魯司徒司馬司空皆卿也然則臧紇為司寇亦小司寇也　朱子論語集註引此亦不覔其誤

將軍

春秋傳晉獻公作二軍公將上軍太子申生將下軍是已有將軍之文而未以為名也至昭公二十八年閻沒女寬對魏獻子曰豈將軍食之而有不足正義曰此以魏子將中軍故謂之將軍及六国以來遂以將軍為官名蓋其元

魯頌悠之為將軍　將軍
已為一官是其名

起於此公年傳將軍子重諫曰穀梁傳使狐夜始為將軍墨子昔者晉有六將軍而智伯莫為強焉莊子今將軍兼此三者盜跖篇淮南子趙文子問於叔向曰晉六將軍其孰先亡張武為智伯謀曰晉六將軍又曰魯君召子貢授之將軍之印而國語亦云鄭人以詹伯為將軍又曰吳王夫差黃池之會十行一嬖大夫十旌一將軍禮記檀弓衛將軍文子之喪史記司馬穰苴傳景公以為將軍封禪書杜主者故周之右將軍越世家范蠡稱上將軍魏世家今太子申為上將軍戰國策梁王虛上位以故相為上將軍漢書百官表曰前后左右將軍皆周末官通典曰自戰國置大將軍楚懷王與秦戰秦敗楚虜其大將軍屈丐至漢則

定以為官名矣

相公

前代拜相者必封公，故稱之曰相公；若封王，則稱相王（司馬文王進爵為王，荀顗曰相王尊重是也；晉簡文帝及會稽王道子亦稱相王）。自洪武中革去丞相之號，則有公而無相矣。即初年之制，亦不盡沿唐宋。有相而不公者，胡惟庸是也；有公而不相者，常遇春之倫是也。封公拜相，惟李善長、徐達，三百年來有此二相公耳。魏王粲《從軍行》：「相公征關右，赫怒震天威。」羽檄賦：「相公乃秉軒轅，駕四駱。」相公二字似始見此。

司業

國子司業，以為生徒所執之業，非也。唐歸崇敬授國子司業上言司業義在礼記樂正司業正長也言樂官之長司主此業爾雅云大版謂之業按詩周頌設業設虡崇牙樹羽則業是懸鐘磬之簨虡也今太學既不教樂於義無取請改國子監為辟雍祭酒為太師氏司業一為左師一為右師詔下尚書集百僚定議以聞議者重難改作其事不行按靈臺之詩曰虡業維樅即此業字傳曰業大版也所以飾栒為縣也捷業如鋸齒或曰畫之爾雅大板謂之業左氏昭九年傳辰在子卯謂之疾日君徹宴樂學人舍業礼記檀弓大功廢業疏謂此也宋徐爰誤解此義而曰大功廢業三年喪何容詩書懸者常防其墜故借為敬謹之義書之兢兢業業詩之赫赫業業有震且業是也爾雅業業危也凡人所執之事亦當敬謹

故借為事業之義易傳之進德修業可大則賢人之業盛德大業禮記之敬業樂羣是也然三代詩書之文並無此義而業廣惟勤一語乃出於梅賾所上之古文尚書梁劉勰文心雕龍謂論語以前經無論字六韜三論後人追題今周官篇有論道經邦之語蓋梅賾古文之書其時未行然即此二字業字論字亦足以察時世言語之不同矣

翰林

唐書職官志曰翰林學士之職本以文學言語備顧問出入侍從因得參謀議納諫爭而翰林院者待詔之所也雍錄曰翰林院在大明宮右銀臺門內稍退北有門傍曰翰林之門唐制乘輿所在必有文辭經學之士下至卜醫攻術之流皆直於別院以備燕見而

文書詔令則中書舍人掌之太宗時名儒學士時時任以草制然猶未有名號乾封以後始號北門學士玄宗之代張說陸堅張九齡徐安貞張垍等召入禁中謂之翰林待詔掌中外表疏批答應和文章繼以詔勅文告悉繇中書每多壅滯始選朝官有辭藝學識者入翰林供奉亦有無官而得入者如李白是也然亦未定名制開元二十六年始改翰林供奉為學士別置學士院專掌內命至德以後天下用兵軍國多務深謀密詔皆從中出置學士六人內擇年深德重者一人為承旨以獨當密命故也德宗好文尤難其選貞元以後為學士承旨者多至宰相參取新舊二志而其官不見於唐六典蓋書成於張九齡其時尚未置也

舊書言翰林院有合練僧道卜祝術藝書奕各別院以廪之（職官志）陸贄與吳通玄有隙乃言承平時工藝書畫之徒待詔翰林比無學士請罷其官（通玄傳）其見於史者天寶初嵩山道士吳筠乾元中占星韓穎刘烜貞元末奕碁王叔文侍書王伾元和末方士柳泌浮屠大通寶曆初善奕王倚與唐觀道士孫準並待詔翰林（小說玄宗時有翰林善圍碁者王積薪）又如黎幹雖官至京兆尹而其初亦以占星待詔翰林而貞元二十一年二月丙午罷翰林醫工相工占星射覆冗食者四十二人（順宗紀）寶曆二年十二月庚申省教坊樂官翰林待詔伎術官并總監諸色職掌內冗員共一千二百七十人（文宗紀）此可知翰林不皆文學之士矣趙璘因話錄云

文宗賜翰林學士章服，續有待詔欲先賜本司，以名上。上
曰：「賜君子小人不同日，且待別日。」雍錄曰：漢吾丘壽王以善格五召待詔，坐法免，上書願养馬黃門。金日磾與弟倫沒入官，輸黃門養馬師。古曰：黃門之署，職任親近，以供天子，百物在焉，故亦有畫工。又武帝令黃門畫周公負成王圖以賜霍光，則是黃門之地，凡善格五者、能養馬者、能繪畫者皆得居之，故知唐世雜藝之士供奉翰林者，正用此則也。

成化三年，以明年上元張燈，命翰林院詞臣撰詩詞。編修
章懋、黃仲昭，檢討莊昶上疏言：「翰林之官以論思代言為
職，雖曰供奉文字，然鄙俚不經之詞，豈宜進于君上？固不
可曲引宋祁、蘇軾之教坊致語，以自取侮慢不敬之罪。臣
等又嘗伏讀宣宗章皇帝御製翰林箴，有曰：『啓沃之言，惟
義與仁，堯舜之道，鄒孟以陳。』今張燈之舉，恐非堯舜之道，

應制之詩恐非仁義之言臣等知陛下之心即祖宗之心故不敢以此妄陳于上伏願采蒭蕘之言於此等事一切禁止上怒命杖之謫懋明武知縣仲昭湘潭知縣杲桂陽州判官各調外用已而諫官為之申理乃改懋仲昭南京大理寺評事杲南京行人司司副自此翰林之官矣

洗馬

越語句踐身親為夫差前馬韓非子云為吳王洗馬洗音銑淮南子云為吳兵先馬走當作吳王荀子天子出門諸侯持輪挾輿先馬賈誼新書楚懷王無道而欲有伯王之號鑄金以象諸侯人君令大国之王編而先馬梁王御宋王驂乘滕薛衛中山之君隨而趨然則洗馬者馬前引導之人

陳眷公引莊子七聖在襄城之野皆為馬後車

也亦有稱馬洗者六韜賞及半豎馬洗廄養之徒漢書百官表太子太傅少傅屬官有先馬張晏曰先馬員十六人秩比謁者先或作洗又考周禮齊右職云凡有牲事則前馬註王見牲則拱而式居馬前卻行備驚奔也又道右職云王式則下前馬是此官古有之矣莊子黃帝將見大隗乎具茨之山張若謵朋前馬

比部

周礼小司徒及三年則大比大比則受邦國之比要註大比謂使天下更簡閱民數及其財物也鄭司農云五家為比故以比為名今時八月案比是也莊子云礼法度數刑名比詳唐時刑部有刑比音毗都官司門四曹通典比部郎

中龍朔二年改為司計大夫咸亨元年復舊天寶十一載又改比部為司計至德初復舊旧唐書職官志比部郎中員外郎之職掌勾諸司百寮俸料公廨贓贖調斂徒役課程逋懸數物周知内外之經費而總勾之楊炎傳初国家舊制天下財賦皆納於左藏庫而太府四時以數聞尚書比部覆其出入宋史職官志比部郎中員外郎掌勾覆中外帳籍凡場務倉庫出納在官之物皆月計季考歲會從所隸監司檢察以上比部至則審覆其多寡登耗之數考其陷失而理其侵負山堂考索會計通欠每三月一比謂之比部故昔人有刑罰与賦斂相為表裏之說今四曹改為十三司而財計之不関刑部久矣乃猶稱郎官為比部

何邪

員外

員外之官本為冗秩旧唐書李嶠傳嶠為吏部時志欲曲行私惠冀得復居相位奏置員外官数千人猶近日天啓末之添註京堂以至官寮倍多府庫減耗事在中宗神龍二年通鑑大置員外官自京司及諸州九上千餘人官官起遷七品以上員外官者又將千人冊府元龜李嶠常嗣立同居選部多引用權勢請置員外官一千餘員其員外官悉特刑勢與正官爭事百司紛競至有相毆擊者又有謂之員外置同正員者迨乎玄宗猶不能盡革故肅宗乾元二年九月詔曰應州縣見任員外官並任其所適其中有材識幹濟曾經任使州縣所資者亦聽量留上州不得過五人中州不得過四人下州不得過三人上縣已上不得過

一人今則副郎而取名員外於義何居當緜定制之初主爵諸臣丞考源流有弁名實子不云乎必也正名則斜封墨敕之朝不可沿其遺號矣

主事

後漢光祿勳有南北庭生事主三署之事於諸郎之中察茂材者為之然其職不過加掾史之等故范滂遷光祿主事時陳蕃為光祿勳滂執公儀詣蕃蕃亦不止滂怫恨投版棄官而去後因郭泰之言蕃乃謝之而張霸戴封戴就公沙穆竝以孝廉為光祿主事其他府寺則不聞有此名也宋書百官志中書通事舍人下云其下有主事本用武官宋改用文吏至後魏則於尚書諸司置主事令史隋煬

帝去令史之名但曰主事唐時並流外為之尚書省主事六人從九品上門下省主事四人中書省主事四人並從八品下而刘祥道上疏言尚書省二十四司及門下省中書都事主書主事等比來選補皆取旧任流外有刀筆之人縱欲參用士流皆以儔類為耻前後相承遂成故事望有釐革稍清其選事竟不行裴光庭傳任門下省主事閻麟之專主過官九麟之裁定光庭輒然可時語曰麟之口光庭手元載傳大曆十二年三月庚辰上御延英殿命左金吾大將軍吳湊收載及王縉于政事堂各留繫本所并中書主事卓英倩李待榮及載男仲武季能並收禁宋史職官志門下省吏四十有九錄事主事各三人令史六人書令史十有八人守當官十有九人魏仁浦傳自樞密院小史遷兵房主事楊億傳以吏部銓主事前宜黃簿王太冲

為大理丞評事憶以吏之賤不宜任清秩封還詔書未幾太冲補外是在前代皆掾史之任也國初設六部主事意亦倣此永樂十四年乃新伯許成以擅杖工部主事王景亮被劾

主簿

周禮司會註主計會之簿書疏云簿書者古有簡策以記事若在君前以笏記事後代用簿簿今手版故云吏當持簿〻則簿書也漢御史臺有此官御史大夫張忠署孫寶為主簿而魏晉以下則寺監以及州郡縣多有之杜氏通典州佐條下云主簿一人錄門下衆事省署文書漢制也歷代至隋皆有之引晉習鑿齒為桓溫荊州主簿親遇深密時人語曰徒三十年看儒書不如一詣習主簿在當時

為要哉

郎中待詔

北人謂醫生為大夫，南人謂之郎中；鑷工為待詔；木工、金工、石工之屬皆為司務。其名蓋起於宋時。老李菴筆記：北人謂醫為衙推，旧唐書鄭注傳：以藥術依李愬，署為節度衙推。北夢瑣言：莊宗好俳優，宮中暇日自負著囊藥篋，令繼岌破帽相隨，以后父劉叟以醫卜為業，后方晝眠，繼岌造其臥內，自稱劉衙推訪女。卜相為巡官。巡官，唐五代郡僚之名，或以其巡游賣術，故有此稱，亦莫詳其所始也。旧唐書音樂志：隋末河内有人貌惡而嗜酒，常自號郎中。實錄：洪武二十六年十二月丙戌，命礼部申禁軍民人等不得用太孫、太師、太保、待詔、大官、郎中等字為名稱。

外郎

今人以吏員為外郎按史記秦始皇紀近官三郎索隱曰三郎謂中郎外郎散郎通典漢中郎將分掌三署郎有議郎中郎侍郎郎中凡四等皆無員多至千人掌門户出充車騎其散郎謂之外郎今以之稱吏員乃世俗相褒之辭

門子

門子者守門之人旧唐書李德裕傳吐蕃潛將婦人嫁與此州門子是也王智興為徐州門子今之門子乃是南朝時所謂縣僮梁書沈瑀傳為餘姚令縣南有豪族數百家子弟縱横遞相庇蔭厚自封殖百姓甚患之瑀召其老者為石頭倉監少者補縣僮唐志二品以下有白直執衣皆中男為之

快手

快手之名起自宋書王鎮惡傳東從舊將猶有六隊千餘人西將及能細直吏快手復有二千餘人建平王景素傳左右勇士數十人竝荊楚快手黄回傳募江西楚人得快射手八百南史作快手亦有稱精手者沈約自序收集得二千精手南史齊高帝紀王蘊將數百精手帶甲赴粲粲袁梁書武帝紀航南大路悉配精手利器尚十餘萬人

火長

今人謂兵馬戶長亦曰火長崔豹古今注伍伯一伍之伯也五人為伍五長為伯故稱伍伯一曰戶伯漢制兵五人一戶竈置一伯故曰戶伯亦曰火伯以為一竈之主也通典五人為列二列為火五火為隊唐書兵志五十人為隊

隊有正十人為火火有長又云十人為火五火為團則首謂之火矣宋書卜天與傳少為隊將十人同火木蘭詩出門看火伴柳子厚段太尉逸事狀叱左右皆解甲散還火伍中或作夥誤

樓羅

唐書回紇傳加冊可汗為登里頡咄登密施含俱録英義建功毗伽可汗含俱録華言婁羅也蓋聰明才敏之意酉陽雜俎引梁元帝風人辭云城頭網雀樓羅人著南齊書顧歡論云蹲夷之儀婁羅之辯北史王昕傳嘗有鮮卑聚語崔昂戲問昕曰頗解此不昕曰樓羅樓羅實自難解時唱染千似道我輩五代史劉銖傳諸君可謂樓羅兒矣今

作樓儸鶴林玉露僂儸俗言猾也宋史張思鈞起行伍征伐稍有功質狀
小而精悍太宗嘗稱其樓羅自是人目為小樓羅焉

白衣

白衣者庶人之服然有以處士而稱之者風俗通舜禹本
以白衣砥行顯名升為天子史記儒林傳公孫弘以春秋
白衣為天子三公後漢書崔駰傳憲諫以為不宜與白衣
會孔融傳與白衣禰衡跌蕩放言晉書閻纘傳薦白衣南
安朱冲可為太孫師傅胡奮傳宣帝之伐遼東以白衣侍
從左右是也有以庶人在官而稱之者漢書兩龔傳聞之
白衣師古曰白衣給官府趨走賤人若今諸司亭長掌固
之屬蘇伯玉妻盤中詩吏人婦會夫希出門望見白衣謂

當是而更非續晉陽秋陶潛九月九日無酒於宅邊菊叢中坐望見白衣人乃王弘送酒是也人主左右亦有白衣南史恩倖傳宋孝武選白衣左右百八十人魏書恩倖傳趙修給事東宮為白衣左右茹皓充高祖白衣左右唐李泌在肅宗時不受官帝每與泌出軍人環指之曰衣黃者聖人也衣白者山人也則天子前不禁白清波襍志言前此仕族子弟未受官者皆衣白今非跨馬及弔慰不敢用

白衣但官府之役耳若侍衞則不然史記趙世家願得補黑衣之缺以衞王宮漢書谷永傳擢之皁衣之吏

詩麻衣如雪鄭氏曰麻衣深衣也古時未有棉布凡布皆

麻為之記曰治其麻絲以為布帛是也杜子美詩麻鞋見天子然則深衣亦用白

郎

郎者奴僕稱其主人之辭通鑑註門生家奴呼其主為郎今俗猶謂之郎主唐張易之昌宗有寵武承嗣三思懿宗宗楚客晉卿等候其門庭爭執鞭轡呼易之為五郎昌宗為六郎鄭杲謂宋璟曰中丞奈何卿五郎璟曰以官言之正當為卿足下非張卿家奴何郎之有安祿山德李林甫呼十郎王繇謂王鉷為七郎李輔國用事中貴人不敢呼其官但呼五郎程元振軍中呼為十郎陳少游謁中官董秀稱七郎是也其名起自秦漢郎官三國志周瑜至吳時年二十四吳中皆呼為

周郎江表傳孫策年少雖有位號而士民皆呼為孫郎〻也説桓石虔小字鎮惡年十七八未被舉而僮隷已呼為鎮惡郎後周書獨孤信少年好自修飾服章有殊於衆軍中呼為獨孤郎隋書滕王瓚周世以貴公子又尚公主時人號曰楊三郎温大雅大唐創業起居注時文武官人竝未署著軍中呼太子秦王為大郎二郎自唐以後僮僕稱主人通謂之郎今則輿臺廝養無不稱之矣韋堅傳三郎當殿坐看唱得寳歌玄宗行第三以天子而謂之三郎亦唐人之輕薄也

又按北朝人子呼其父亦謂之郎北史節義傳李憲為汲固長育至十餘歲恒呼固夫婦為郎婆

門生

後漢書賈逵傳皆拜逵所選弟子及門生為千乘王國郎是弟子與門生為二 歐陽公孔宙碑陰題名跋曰漢世公卿多自教授聚徒常数百人其親受業者為弟子轉相傳授者為門生今宙碑殘缺其姓名邑里僅可見者纔六十二人其稱弟子者十人門生者四十三人故吏者八人故民者一人愚謂漢人以受學者為弟子其依附名埶者為門生 郅壽傳時大將軍竇憲以外戚之寵威傾天下憲常使門生齎書詣壽有所請託 楊彪傳黄門令王甫使門生於京兆界辜榷官財物七千餘萬憲外戚甫奄人也安得有傳授之門生乎

南史所稱門生今之門下人也 宋書徐湛之傳門生千餘

人皆三吳富人之子姿質端妍衣服鮮麗每出入行游塗巷盈滿泥雨日悉以後車載之謝靈運傳奴僮既衆義故門生數百南齊書劉懷珍傳懷珍北州舊姓門附殷積啓上門生千人充宿衛孝武大驚其人所執者奔走僕隸之役晉書劉隗傳周嵩嫁女門生斷道斫傷二人建康左尉赴变又被斫南史齊東昏侯紀丹陽尹王志被驅急狼狽步走唯將二門生自隨后妃傳門生王清與墓工始下插劉瓛傳游詣故人唯一門生持胡牀隨後是也其初至皆入錢為之宋書顏竣傳多假資礼解為門生充朝滿野始將千計梁書顧協傳有門生始來事協知其廉潔不敢厚餉止送錢二千協怒杖之二十南史姚察傳有門生送南

布一端花練一定察厲聲驅出是也故南齊書謝超宗傳云白從王永先又云門生王永先謂之白從以其異於在官之人陳書沈洙傳建康令沈孝軌門生陳三兒牒稱主人翁顔氏家訓亦以門生僮僕並稱而宋書顧琛傳尚書寺門有制八座以下門生隨八座各有差不得雜以人士其兄賤可知矣梁傳昭不蓄私門生蓋所以矯時人之弊乎

守門之人亦有稱門人者春秋襄公二十九年閽弑吴子餘祭公羊傳閽者何門人也韓非子門人捐水而夷射誅

府君

府君者漢時太守之稱三国志孫堅襲荆州刺史王叡叡見堅驚曰兵自求賞孫府君何以在其中孫策進軍豫章

華歆為太守葛巾迎榮榮謂歆曰府君早德名望遠近所歸

官人

南人稱士人為官人昌黎集王適墓誌銘一女憐之必嫁官人不以与凡子是唐時有官者方得稱官人也杜子美逢唐興劉主簿詩劔外官人冷

本朝制郡王府自鎮國將軍而下稱呼止曰官人

對人稱臣

漢初人對人多稱臣乃戰国之餘習刺客傳聶政稱臣嚴仲子亦稱臣史記高祖紀呂公曰臣少好相人張晏曰古人相与言多自稱臣猶今人相与言自稱僕也西都賦李周翰註臣者男子之賤稱古人謙退皆稱

之至天下已定則稍有等差而臣之稱唯施之諸侯王故韓信過樊將軍噲噲趨拜送迎言稱臣曰大王乃肯臨臣陳平周勃對王陵亦曰臣不如君至文景以後則此風漸衰而賈誼新書有尊天子避嫌疑不敢稱臣之說王子侯表有利侯釘坐遺淮南王書稱臣棄市功臣侯表安平侯鄂但坐與淮南王女陵通遺淮南王書稱臣盡力棄市平棘侯薛穰坐受淮南王賂稱臣在赦前免爵免侯皆在元狩元年而嚴助傳天子令助諭意淮南王一則曰臣助再則曰臣助史因而書之未嘗以為罪則知釘等三人所坐者交通之罪而自此以後廷臣之於諸侯王遂不復有稱臣者爾晉時有自稱民者世說陸太尉對王丞相曰公長民短然王官之於國君屬吏之於府主其稱

臣如故宋書孝武孝建元年十月己未大司馬江夏王義恭等奏郡縣内史及封内官長於其封君既非在三罷官則不復追敬不合稱臣詔可齊梁以後王官仍復稱臣隋書百官志諸王公侯國官皆稱臣上於天朝皆稱陪臣而屬吏亦不復稱矣諸侯王有自稱臣者齊哀王遺諸侯王書曰惠帝使留侯張良立臣為齊王是也天子有自稱臣者高祖奉玉卮起為太上皇壽曰始大人常以臣無賴不能治産業景帝對竇太后言始南皮章武侯先帝不侯及臣即位乃侯之是也

天子于天地祖宗父母皆稱臣

先卿

稱其臣為卿則亦可稱其臣之父為先卿宋史理宗紀工

部侍郎朱在進对奏人主學問之要上曰先卿中庸序言之甚詳朕讀之不釋手恨不與同時此如商書之言先正保衡蓋尊礼之辭也

先妾

人臣對君稱父為先臣則亦可稱母為先妾左傳晏嬰辭齊景公曰君之先臣容焉戰國策匡章对齊威王曰臣非不能更葬先妾也陳沈炯表言臣母妾劉年八十有一臣叔母妾丘七十有五

稱臣下為父母

父母二字乃高年之稱漢文帝問馮唐曰父老何自為郎是稱其臣為父也史記文帝又問則曰父知之乎是當時面言如此漢書以人主嫌於称父乃添

一字曰父老知之乎失之矣趙王謂趙括母曰母置之吾已決矣是稱其臣之母為母也

人臣稱人君

人臣有稱人君者漢書高帝詔曰爵或人君上所尊禮師古曰爵高有國邑者則自君其人故云或人君也郡縣初立亦有君臣之分故尉繚說秦王曰以秦之強諸侯譬如郡縣之君臣水經注引黃義仲十三州記曰郡之言君也改公侯之封而言君者至尊也今郡字君在其左邑在其右君為元首邑以載民故取名於君謂之郡

上下通稱

漢書霍光傳鴞數鳴殿前樹上師古曰古者室屋高大則

通呼為殿耳非止天子宮中黃霸傳丞相請與中二千石博士襍問郡國上計長吏守丞為民興利除害者為一輩先上殿師古曰殿丞相所坐屋也董賢傳為賢起大第北闕下重殿洞開後漢書蔡茂傳夢坐大殿註屋之大者古通呼為殿也三國志張遼傳為起第舍又特為遼母作殿左思魏都賦都護之堂殿居綺窗是人臣亦得稱殿也鮑宣傳為豫州牧行部乘傳去法駕駕一馬是人亦得稱法駕也舊唐書吳元濟傳詔以裴度為彰義軍節度使兼申光蔡四南行營招撫使以郾城為行在蔡州為節度所是人臣亦得稱行在也

漢人有以郡守之尊稱為本朝者司隸從事郭究碑云本

推法所謂莫楼之于市朝其朝即良彦語之所下

朝察孝貢器帝庭豫州從事尹宙碑云綱紀本朝是也三国志孫皓傳註御時為會稽郡功曹自言位極朝右晉盧龍贈刘琨詩繆其疲隸授之朝右李善註朝右謂别駕也亦謂之郡朝後漢書劉寵傳山谷鄙生未嘗識郡朝是也亦謂之府朝晉書刘琨傳造府朝建市獄是也時琨為并州刺史胡三省通鑑註晉宋之間郡曰郡朝府曰府朝藩王曰藩朝宋武帝為宋王齊高帝為齊王時曰霸朝亦有以縣令而稱朝晉潘岳為長安令其作西征賦曰勵疲鈍以臨朝是也

漢丹陽太守郭旻碑有曰君之弟故太尉甍歸葬舊陵歐陽永叔以人臣為疑蓋徒見唐盧粲駁武承訓造陵之奏以謂陵之稱謂施於尊極不屬王公已下舊唐書德肇傳此自南比朝已後然爾按水經注言秦名天子冢曰山漢曰陵又

引風俗通言王公墳壠稱陵書中有子夏陵老子陵及諸王公妃之陵甚多後漢書明章二帝紀言祠東海恭王陵定陶太后恭王陵東平憲王陵沛獻王陵西京雜記董仲舒之墓稱下馬陵李肇國史補武帝幸安春苑每至此陵下馬時謂之下馬陵歲遠訛為蝦蟇陵也白樂天琵琶行家在蝦蟇陵下住曹公祭橋玄文比望貴土乃心陵墓三國志註陳思王上書言陛下既爵臣百寮之右居藩國之任屋名為宮冢名為陵則人臣而稱陵古多有之不以為異也呂東萊大事記墓之稱陵古無貴賤之別國語管仲曰定民之居成民之事陵為之終是凡民之墓亦得稱陵

人臣稱鹵簿西林燕語曰鹵簿之名始見於蔡邕獨斷唐人謂鹵櫓也甲楯之別名凡兵衞以甲楯居外為前導捍

蔽其先後皆著之簿籍故曰鹵簿因舉兩朝御史中丞建康令皆有鹵簿為居臣通稱杜氏通典有羣官鹵簿南史顏延之傳嘗乘羸牛車逢子竣鹵簿王僧孺幼隨其母至市遇中丞鹵簿驅迫

今人以望族稱為宗室考之於古不盡然凡人之同宗者即相謂曰宗室左傳昭六年宋華亥謀華合比而去之左師曰女喪而宗室於人何有魏書胡叟傳叟與始昌雖宗室性氣殊詭不相附比齊書邢邵傳十歲便能屬文族兄巒有人倫鑒謂子弟曰宗室中有此兒非常人也張雕傳胡人何洪珍大蒙主上親寵與張景仁結為婚媾雕以景仁宗室自託於洪珍後周書裴俠傳撰九世伯祖貞侯傳欲使後生奉而行之宗室中知名者咸付一通薛端傳為

東魏行臺薛脩義所逼與宗室及家僮等走免杜叔毗傳八君錫及宗室等為曹策所害徐陵集有在北齊與宗室書顔氏家訓論孫楚王驃騎誄云奄忽登遐以為非所宜言然夏侯湛昆弟誥曰我王母薛妃登遐又曰蔡姬其祖之継室登遐則晉人固嘗用之不以為嫌也

人臣稱諒闇晉書山濤傳除太常卿遭母憂歸郷里詔曰山太常尚居諒闇

大臣稱大漸列子季梁得疾七日大漸齊王儉褚淵碑文景命不永大漸彌留任昉竟陵王子良行狀大漸彌留話言盈耳沈約安陸王緬碑文遘疾彌留歘焉大漸隋鷹揚郎將義城子梁羅墓誌大漸之期春秋六十有一唐王紹

宗為其兄玄宗臨終口授銘吾六兄同人見疾大漸惟幾慮藏用蘇許公懷神道碑文大漸之始遺命遵行書武成垂拱而天下治記玉藻凡侍於君紳垂足如履齊頤霤垂拱是垂拱之云上下得同之也

人臣稱萬歲

後漢書韓棱傳竇憲有功還尚書以下議欲拜之伏稱萬歲棱正色曰夫上交不諂下交不黷禮無人臣稱萬歲之制議者皆慙而止然考之戰國策書馮煖為孟嘗君以責賜諸民因燒其券民稱萬歲史記但云坐者皆起再拜馬援傳言援擊牛釃酒勞饗軍士吏士皆伏稱萬歲馮魴傳言責讓賊延褒等令各反農桑皆稱萬歲吳良傳註引東觀記歲旦郡門

下掾王望舉觴上壽掾史皆稱萬歲則亦當時人慶幸之通辭而李固出獄京師市里皆稱萬歲遂為梁冀所忌而卒以殺之亦可見其為非常之辭矣